"技术要点"系列丛书

乡村振兴之全球样板

站位城市·谋划产业

华高莱斯国际地产顾问(北京)有限公司 著

北京理工大学出版社
BEIJING INSTITUTE OF TECHNOLOGY PRESS

内容提要

《乡村振兴之全球样板》是一本对乡村振兴进行多维度研究的案例分析汇总。通过对10个国家的16个案例的分析，本书揭示了乡村振兴发展的必然规律。本书从乡村振兴与城市化的关系、乡村中文化资源的利用与挖掘、乡村振兴的创新路径、一二三产融合发展的方式、以及乡村振兴发展误区等多个角度，全面介绍了乡村振兴中的多个发展要素。本书对中国的乡村振兴工作具有拓宽视野、启发借鉴的重要作用。

版权专有　侵权必究

图书在版编目（CIP）数据

乡村振兴之全球样板 / 华高莱斯国际地产顾问（北京）有限公司著. -- 北京：北京理工大学出版社，2021.7
　　ISBN 978-7-5763-0060-4

Ⅰ.①乡… Ⅱ.①华… Ⅲ.①农村经济建设－案例－世界　Ⅳ.①F313

中国版本图书馆CIP数据核字（2021）第136021号

出版发行 / 北京理工大学出版社有限责任公司
社　　址 / 北京市海淀区中关村南大街5号
邮　　编 / 100081
电　　话 /（010）68914775（总编室）
　　　　　（010）82562903（教材售后服务热线）
　　　　　（010）68944723（其他图书服务热线）
网　　址 / http://www.bitpress.com.cn
经　　销 / 全国各地新华书店
印　　刷 / 天津久佳雅创印刷有限公司
开　　本 / 710毫米×1000毫米　1/16
印　　张 / 11　　　　　　　　　　　　　　　责任编辑 / 李　薇
字　　数 / 150千字　　　　　　　　　　　　　文案编辑 / 李　薇
版　　次 / 2021年7月第1版　2021年7月第1次印刷　责任校对 / 周瑞红
定　　价 / 20.00元　　　　　　　　　　　　　责任印制 / 边心超

图书出现印装质量问题，请拨打售后服务热线，本社负责调换

版权声明

本书及其中全部作品的著作权及其他相关合法权益归华高莱斯国际地产顾问（北京）有限公司（以下简称华高莱斯）所有，未经华高莱斯书面许可，任何单位和个人不得以摘抄、改编、翻译、注释、复制、发行、广播、汇编、通过信息网络向公众传播等方式使用其中全部或部分内容，否则，将可能承担相应的行政、民事甚至刑事责任。华高莱斯将通过一切法律途径维护自身的合法权益。

总 序

作为城市发展智库,华高莱斯将在城市发展领域的研究成果结集成册,以"技术要点"系列丛书的形式正式出版,以飨读者。"技术要点"系列丛书中的每一册都聚焦一个主题,并围绕该主题从多个维度进行阐述。

之所以命名为"技术要点",是希望能够以"科学精神"对待城市发展中的各种问题,从理性的技术角度予以分析与解答。当然,这种技术角度的分析与解答,绝不可成为纸上谈兵的空谈。城市科学是一门经验科学,对于城市问题的解决之道也蕴含于各种实际发生的城市案例中。因此,"技术要点"系列丛书采取了一种充满"技术感"的"案例化"的风格——通过具体案例分析来阐述对于城市问题的具体建议,让读者切实感受到那些解决城市问题的实践方法。同时,我们坚信"技术不等于艰深晦涩"。能将城市的问题讲得深入浅出、风趣幽默,也是具有"技术含量"的。

正是基于上述技术特色,我们希望:对于城市管理者而言,这是一部讨论城市问题并给予解决意见的工具书;对于城市研究者而言,这是一部展示城市发展前沿观点与案例的研究汇总;对于一般读者而言,这是一本读起来毫不费力的城市知识科普读物。

当然,我们也清醒地知道:城市的发展及其所伴生的问题多种多样,同样的问题背后的成因却大不相同;或者,固然推动城市发展的初衷类似,但不同城市发展的结果却不尽相同。城市问题从来都没有一份标准答卷,我们只能截取我们所观察到的有限问题,给出我们所认知的解决之道。这份答卷肯定会有偏颇和不足之处。

我们诚恳地希望"技术要点"系列丛书能够得到有识之士的宝贵建议,真正让"技术要点"系列丛书不仅是一份针对城市发展与问题的诚意答卷,更是一份不断追求改进与提升的技术说明书。

华高莱斯董事副总经理
"技术要点"系列丛书主编
陈迎

卷首语

做一本乡村振兴的工作口袋书

《乡村振兴之全球样板》作为华高莱斯的研究成果，在 2018 年 3 月就已经完成并做过相关的分享。现在，我们将这份研究成果重新修订整理，并正式出版。

就这本书的内容而言，我们相信——即使在 2021 年重读这本书，其中的观点和案例对当下的中国乡村振兴，依然具有重要的指导意义和借鉴价值！这也足以说明华高莱斯在城乡发展研究中的前瞻性和统一性。而推动我们在 2021 年正式出版本书的主要动力在于——在中国乡村振兴新的发展时期，作为城市发展智库，华高莱斯希望：为那些从事乡村振兴的一线工作者，做一本工作口袋书！

我们笃信这本书的价值，不仅来源于华高莱斯强大的案例资料库，更来源于我们坚信——城镇发展是一门经验科学，其具有规律性、普遍性和通用性。事实也正是如此，乡村振兴并非中国所特有，在城镇化过程中，很多国家都曾经面临过乡村衰落的问题，也都提出过不同的乡村振兴策略。所以，深入分析那些失败或成功的国际过往案例，助于当下中国在乡村振兴中少走弯路。

不过，如果仅仅是把《乡村振兴之全球样板》看成是一本各国案例的集锦或者是各种乡村振兴政策的汇编，就低估了我们所说的指导意义和借鉴价值。本书中的每篇文章，在详细分析案例中各种乡村振兴方式的同时，都深入剖析了这个案例当时所面临的问题，并和国内乡村振兴中的问题相应对。读者可以在工作中对照阅读，看看同样问题其他地方是如何思考和解决的；而且这本书在强调专业性的同时，行文通俗易懂且独立成篇，方便随时翻看阅读。所以，这是一本"名副其实"的乡村振兴工作口袋书！

对于本书的撰写保持了华高莱斯一贯的高品质要求。文章的撰写人都是公司的资深顾问。不仅有龚慧娴、常瑶这两位公司董事参与撰稿，还有寇盼芸、金美灵两位资深项目经理，邱玥、吴晓璇两位高级项目经理，以及知识研发主管张文晖进行了撰写工作。

同时，对于在华高莱斯任职期间参与到本书撰写的相关作者，在此表示感谢：石晓霞、毕春洋、雷广琰、杨靓、金悦、宋杰、李丹、沈依依、石金灵、陈星、李宏佩。

作为城市发展智库，我们希望通过这样一本工作口袋书，用我们的智慧为中国的乡村振兴贡献力量！

《乡村振兴之全球样板》执行主编　陈迎

目录
CONTENTS

001	乡村振兴，一场艰难突围的"逆袭战"	龚慧娴
015	日本越后妻有——乡村振兴需要怎样的艺术原动力	张文晖　常　瑶
027	日本神山奇迹——从"偏远乡村"到"绿色硅谷"的乡村振兴之路	石晓霞
037	日本伊根渔村——"要想富，不修路"的绝地求生术	毕春洋
045	从日本美星町到世界的暗夜乡村——来自星星的振兴力量	杨　靓
055	日本水上町——游人又踏青山去，"户外+"助力乡村振兴	雷广琰
063	日本夕张——贫贱夫妻百事哀，不能忽略的现实困局	金　悦
071	韩国甘川村，不一样的彩绘村——以上帝视角去刷墙	宋　杰
079	韩国普罗旺斯村——从"拦路打劫"到"坐地引财"看公路带动乡村致富3.0版本	金美灵
087	中国袁家村——美食村的网红之路能否被复制？	李　丹
099	法国吉维尼——"如果能重来，我要选莫奈"	吴晓璇
107	德国卡尔斯草莓农庄——一颗红色草莓的农业真经	沈依依
117	澳大利亚金吉拉，大块头有大智慧——看"大块头"水果乡村如何振兴	寇盼芸
127	美国小农场——点草成金的吸金大法	石金灵
137	芬兰桑拿村之偏远偏方，治大病——健康养生产业对乡村振兴的带动	邰　玥
147	荷兰羊角村——"冻龄"女神养成记	陈　星
159	英国科茨沃尔德——美丽乡村的《偶像练习生教程》	李宏佩

▲ 乡村振兴需要放到城市化快速推进的大背景下综合考虑（华高莱斯 摄）

乡村振兴，一场艰难突围的"逆袭战"

文 | 龚慧娴　董事策划总监

2017年10月,党的十九大提出实施乡村振兴战略。2018年1月,中央"一号文件"公布,乡村振兴战略实施拉开帷幕。2021年2月,全国脱贫攻坚总结表彰大会召开,国家乡村振兴局挂牌,这既是我国脱贫攻坚战取得全面胜利的一个标志,又是乡村振兴新的奋斗起点。乡村振兴战略如何更好地实施,需要我们从"道—法—术"三个层面谋划。

一、"道同":乡村振兴应放在时代大格局下,明确大势,有所取舍

何为"道同"?乡村振兴并非中国特有,而是世界城市发展的必然一环。乡村振兴是中国城市化快速推进背景下多战略并举的一部分,我们不能简单地就乡村论乡村,必须客观面对三个现实背景:

首先,"城市的胜利"必然伴随着乡村人口的减少。

早在18世纪,欧洲的工业革命就见证了村庄在城市扩张过程中的不断萎缩。过去50年里,世界城市人口比例从1960年的33.6%上升到2019年的55.7%,乡村的衰落如影随形。世界银行数据显示,1960年以来,"金砖五国"的农村人口都在大幅减少,巴西农村人口占比从53.9%降至13.2%,中国则从83.8%降至39.7%,都超过了40个百分点[1]。

农村人口不断涌入城市寻求财富。仅仅2019年,中国就有近1.4亿农村人口离开家乡来到城市。寻找工作是他们进入城市的主要原因——城市提供的工作机会更多、薪酬更高。2019年进城的农民工比留在本地的农民工收入高26.5%,增速高3个百分点[2]。城市成为人口争夺战的胜利者!

---

[1] 世界银行数据,https://data.worldbank.org/indicator/SP.URB.TOTL.IN.ZS。
[2] 国家统计局官网:《2019年农民工监测调查报告》,http://www.stats.gov.cn/tjsj/zxfb/202004/t20200430_1742724.html,2020年4月30日。

▲ 欧洲工业革命以来乡村随着城市扩张不断萎缩（华高莱斯 摄）

哈佛大学的爱德华·格莱泽教授在《城市的胜利》一书中称城市是"人类最伟大的发明"，城市的繁荣像磁铁一样吸引着有梦想的人，大城市里的工人收入比他们不在城市里工作的伙伴高出约30%①。

2019年中国常住人口城镇化率虽然超过了60%，但仍低于美国的82.5%、日本的91.7%的水平②。乡村人口还将持续向城市集中。以农业大省河南为例，河南省2020年常住人口城镇化率的目标是60%③，而2019年年末刚达到53.2%④；省会郑州市规划2035年人口目标1 800万⑤，还将吸纳近800万人。中国城市化进程还在持续，乡村还将持续贡献人口。中国乡村人口减少的背后是中国城市的繁华。

---

① [美]爱德华·格莱泽：《城市的胜利》，刘润泉，译，上海社会科学院出版社2012年版，第5、34页。
② 世界银行数据，https://data.worldbank.org/indicator/SP.URB.TOTL.IN.ZS。
③ 河南省人民政府网：《河南省推进三个一批人城镇化实施方案》，https://www.henan.gov.cn/2015/09-22/247314.html，2015年9月14日。
④ 河南省统计局网：《2019年河南省国民经济和社会发展统计公报》，http://www.ha.stats.gov.cn/2020/03-09/1367753.html，2020年3月10日。
⑤《我市国土空间规划正绘蓝图2035年，郑州人口预计将达1800万》，《郑州晚报》，2020年8月27日，A04版。

其次，乡村衰落与振兴，是世界范围内的普遍问题。

乡村衰落与振兴是一个世界性难题。在"二战"后，日本大量农村青壮年人口流向大城市，农业人口快速减少，老龄化严重。1945—1970年，日本村庄数量减少了92%，发生了大规模的撤并[①]。为缩小城乡差距，日本投入了巨大的财力和精力，施行了各种振兴计划。从1961年开始，先后颁布了《农业基本法》《农业现代化资金筹措法》等一系列法律，并修订了《农地法》和《农振法》等法律。

▲ 日本乡村人口大量流入城市，乡村数量锐减（华高莱斯　摄）

韩国从20世纪70年代开始了"新村运动"。当时韩国"经济开发五年计划"取得了初步成功，但以大城市和重工业为重点的开发政策导致城乡之间的经济和社会发展差距进一步扩大。为缩小日益扩大的城乡差距，在朴正熙总统的倡导下，韩国开展了一场旨在改变农村落后面貌的社会运动。

1970—1971年间，韩国政府向全国33 267个行政里洞统一无偿支援各335袋水泥，支持村庄自主开展建设。支援水泥的动因是当时水泥生产过剩和振兴内需

---

① 焦必方，孙彬彬.《日本的市町村合并及其对现代化农村建设的影响》，《现代日本经济》2008年第5期。

的现实背景。随后政府又向建设成效好的 16 600 个村庄再无偿追加供应 500 袋水泥和 1 吨钢筋,并对其自主的协同努力予以奖励。"新村运动"大力改善乡村环境,将每年必须整修的草房屋顶换成了石板瓦;扩大和改善狭窄的道路,加快生产物资等的流通,帮助农民增加收入。政府支持村民建设新村工厂,当时每个郡都建设了 5~6 座工厂,全国共建成了 800 多座农村工厂[1]。加上政府大面积推广并高价采购统一稻(Tongil)的短期影响,1974 年韩国农村收入一度超过了城市[2]!

再次,乡村振兴是一场需要有重点、有取舍的战争。

日韩的乡村振兴运动取得了一定成效,但整体而言,农村人口减少及老龄化的大趋势并没有实质性改变。

20 世纪 70 年代后期,韩国农民增收计划开始遭遇重挫。1970—1990 年间,韩国超过一半的农村人口涌入了城市。20 世纪 70 年代"新村运动"开始时韩国城镇化人口占比为 41%,1990 年达到 74%,2002 年超过 80%[3]。即便是通过成功的案例也难以看出逆转乡村人口流失的可能。

20 世纪 60 年代初,日本开始乡村振兴运动时,城镇化率是 63%,现在是 92%[4]。1980 年日本从事农业的男性平均年龄为 53.3 岁、女性平均年龄为 51.0 岁。2015 年日本从事农业人口继续锐减,比五年前减少 20%,平均年龄高达 66.3 岁[5]。

在这样的时代大前提下进行思考,中国的乡村振兴不是孤立存在的,必然具有以下特点:

从数量上看,不是所有乡村平均用力,投入需要有重点。

中国每年有 200 万公顷农田被弃耕。在过去 25 年里,中国三分之二以上的

---

[1] 李仁熙,张立.《韩国新村运动的成功要因及当下的新课题》,《国际城市规划》2016 年第 6 期。
[2] 胡国云.《韩国新农村运动的启示》,《决策探索(下半月)》2014 年第 2 期。
[3] 世界银行数据,https://data.worldbank.org/indicator/SP.URB.TOTL.IN.ZS。
[4] 世界银行数据,https://data.worldbank.org/indicator/SP.URB.TOTL.IN.ZS。
[5] 日本农林水产省数据,https://www.maff.go.jp/j/tokei/sihyo/index.html。

农村小学已经关闭①。2015年3月的全国"两会"上,冯骥才提及:近十年期间,我国有90余万个村庄消失在城市化进程中②。

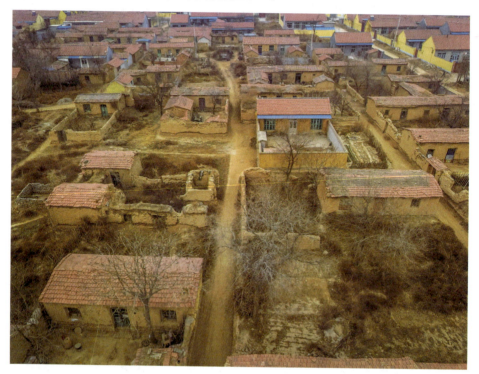

▲ 中国已有数十万个村庄消失在城市化进程中(华高莱斯 摄)

在人口总量相对恒定的情况下,仍要保持所有乡村的共同繁荣是很难的。关键在于我们是否正确选择了"谁是该优先发展的,可以起到带动作用的"。应将有限的公共资源集中配置到那些有优势的乡村,充分发挥强者的作用。

2013年习近平考察城乡一体化时说,建设美丽乡村"不要把钱花在不必要的事情上,比如说'涂脂抹粉'"③。乡村振兴如果离开城市化的大背景,继续

---

① 刘彦随(Yansui Liu),李玉恒(Yuheng Li). *Revitalize the world's countryside*,自然杂志(Nature)官网,https://www.nature.com/news/revitalize-the-world-s-countryside-1.22452,2017年8月16日。

② 新华网:《中国10年间消失90万个村落 冯骥才委员呼吁村庄留存村史》,http://www.xinhuanet.com//politics/2015lh/2015-03/04/c_1114520962.htm,2015年3月4日。

③ 人民网:《习近平:建设美丽乡村不是"涂脂抹粉"》,http://cpc.people.com.cn/n/2013/0723/c64094-22297445.html,2013年7月23日。

搞平均主义，有限资源"天女散花"，就难免变成"涂脂抹粉"。2021年中央"一号文件"提出"支持各地自主选择部分脱贫县作为乡村振兴重点帮扶县"，要求"打造农业全产业链，把产业链主体留在县城""推进以县城为重要载体的城镇化建设"[1]。

从内容上看，乡村振兴需要发展质的升级，而不是要留下6亿农民。

农业人口的减少到底是好事还是坏事？中国过去30年，农村劳动力向城市大量转移仅促进了城市化和工业的迅猛发展，而且粮食生产没有耽误。中国农业劳动力在1991年达到峰值，约3.9亿，并在2011年下降到2.66亿。在连续20年劳动力下降的同时，中国的农业增加值却年年攀新高，在劳动力总量下降30%的20年中，农业增加值翻了一番[2]。

中国的现实情况是依靠超过25%的农业劳动力产出占比7%的GDP[3]。即使是东部发达省份，农业劳动力占比也非常高。江苏省农业委员会介绍，江苏全省农业劳动力占全社会劳动力的20%，创造的GDP仅占6%[4]。乡村要富裕起来，就必须提高农村的劳动生产率，农业人力投入完全可以继续下降。在世界农业大国中，目前美国农业就业人口占总就业人口的比重仅为1.34%，荷兰为2.04%，以色列为0.92%[5]。有专家预测，随着机械进一步替代人力，未来仅需要当前五分之一的劳动力就可以达到同样的粮食产出。

2018年年初，《农业部关于大力实施乡村振兴战略加快推进农业转型升级的意见》中明确提出："推进'机器换人'。深入实施粮棉油糖等9大主要作物

---

[1] 中华人民共和国中央人民政府网：《中共中央 国务院关于全面推进乡村振兴加快农业农村现代化的意见》，http://www.gov.cn/zhengce/2021-02/21/content_5588098.htm，2021年2月21日。

[2] 卢锋，刘晓光，李昕，邱牧远.《当代中国农业革命——新中国农业劳动生产率系统估测（1952—2011）》，《北京大学中国经济研究中心》，https://www.nsd.pku.edu.cn/attachments/aa7b5e2f332d424b9bf6e7442dfee810.pdf，2014年2月。

[3] 国家统计局网：《中华人民共和国2019年国民经济和社会发展统计公报》，http://www.stats.gov.cn/tjsj/zxfb/202002/t20200228_1728913.html，2020年2月28日。

[4] 邹建丰、吴琼、朱新法：《推进绿色发展做强特色产业》，江苏文明网，http://wm.jschina.com.cn/20558/201801/t20180124_5054851.shtml，2018年1月24日。

[5] 世界银行数据，https://data.worldbank.org/indicator/SL.AGR.EMPL.ZS。

▲ 2019年农业强国荷兰农业就业人口仅占总就业人口的2.04%（华高莱斯 摄）

生产全程机械化推进行动。"实施乡村振兴战略，却明确提出"机器换人"，这说明乡村振兴绝不是要保住农民规模。

即使我们重点投入，从时间上看，乡村要真正取得胜利，需要打一场持久战。

日本德岛县以神山町为中心，已经进行了长达20年的投入和努力，其历程总体可分为文创和科创两个阶段。1999年启动KAIR艺术家进驻项目，率先吸引艺术家来打破乡村困局。但随后发现艺术家的短暂停留，无法解决常住人口问题。于是又开始第二阶段的努力，建造了"日本第一快速"的网络环境，招揽员工、企业入住。2011年神山町移入人口（151人）终于超过了移出人口（139人），实现了"12"个人的人口机械正增长！①

中国城市化还在推进，城市还在继续与乡村争夺人口，乡村振兴如逆水行舟，需要我们不断调整方案，持续作战，才能守住胜利果实。

---

① 日本神山町官网数据，http://www.town.kamiyama.lg.jp/office/juumin/residents/population.html。

二、"法我":乡村振兴需要立足自身优势,激活人才和资源的内生动力

何为"法我"?乡村只有立足自身优势、激发内生动力主动反击,才能实现自我拯救。

首先,乡村振兴需要有自己的人才体系。

乔尔·科特金在《新地理——数字经济如何重塑美国地貌》[1]一书中指出:"人类智慧在哪里集中,财富就在哪里聚集,这种趋势日益加强。"城市竞争的核心是人才,乡村振兴同样需要自己的人才体系。

中国乡村曾经有自己的人才循环体系,就是乡绅体系。乡绅的核心是"绅",即退居官员。汉代朱云退居乡里后,"择诸生,然后为弟子"。蜀中司马胜之,辞官不做,"训化乡间"。宋之理学大家如二程、陆九渊、朱熹等,无不是休官后还乡讲学、培育后进。一批又一批的官员回归故里,换来一批又一批的才俊走出乡土。如此形成了一个生生不息的人才大循环。但这一人才循环系统在今天已经消失。

20世纪70年代韩国开始的"新村运动"得以顺利开展,发挥最重要作用的是新村领导人团体。从1972年开始韩国从全国选拔研修生,培养新村领导人。1973年以妇女新村领导人班为始,将教育对象逐渐扩大至经济团体干部班、农协干部班、高级公务员班等。新村领导人的作用在于与村民讨论形成村庄未来发展方向的共识,并对村民进行意识革新等相关的宣传教育等。

20世纪70年代日本开始的"一村一品"运动源于一位日本的"新乡绅"——大分县知事平松守彦。平松守彦是大分县人,大学毕业后进入通产省、国土厅任职,为改变家乡落后面貌,1975年毅然回到家乡任职。平松守彦不仅倡导了"一村一品"运动,而且利用一切场合推广本县产品。他亲自到东京推销大分的柑橘,主动走上拍卖台向商家宣传本县的"丰后牛"。日韩首脑在大分会谈

---

[1] [美]乔尔·科特金.《新地理——数字经济如何重塑美国地貌》,王玉平,王洋,译.北京:社会科学文献出版社,2010。

时，他不失时机地在宴会场上展示"一村一品"的产品。平松守彦每次到东京办事都提着本县的麦烧酒前往，让"吉四六"酒走向银座，进入首相府。

▲ "一村一品"运动发源地——大分县（华高莱斯　摄）

中国成功乡村的背后也往往有着"能人政治"的影子。例如，以美食休闲闻名的袁家村，其背后是一对在当地有深厚影响力的领头人——郭裕禄和郭占武父子。现任村支书的郭占武因袁家村的成功而为人所知。其实老支书郭裕禄在当地的影响同样深远，在他的带领下，早在20世纪70年代，袁家村就已经成为模范村；20世纪80年代的袁家村因发展村办企业，成为远近闻名的富裕村。

今天的中国，辞官退居、教化乡里的"乡绅"体系虽已不再，但扎根家乡、带领乡村振兴的"新乡贤"同样值得期待。2016年3月《"十三五"规划纲要（草案）》提出了"新乡贤"概念。2018年年初，广东省公布首批遴选出来的10名"南粤新乡贤"，将实施乡村振兴战略与"新乡贤"文化结合起来共同推进。2021年是"十四五"规划的开局之年，中共中央办公厅、国务院办公厅也专门印发了

《关于加快推进乡村人才振兴的意见》,明确了乡村人才振兴的整体构架和实施路径。

其次,乡村振兴需要立足自身优势,寻求"长板"突破。

1980年以来,中国城市收到的公共和私人固定资产投资占全国总额的70%以上①。城镇可以引入资本和产业,借"外来动力"获得发展。而乡村在基础设施、建设用地指标等方面存在弱势,很难得到足够的外部资本青睐。乡村突围不能用自己的短板与城市比拼,而只能立足自己的"长板"优势,在特定优势领域突围。

"长板"突破,就需要乡村树立新资源观,挖掘自己的内生动力。在20世纪70年代,日本"新乡绅"平松守彦在日本大分县各地视察,所到之处尽是"我们村里没有资源""我们没有学校""道路条件太差"等叹息声。平松守彦认为,无论怎样抱怨都摆脱不了贫困,于是提出将一个村子或一个地区值得骄傲的东西,如已有的土特产品、旅游资源,哪怕是一首民谣都行,开发成在全国以至全世界都能叫得响的产品,这就是"一村一品"运动的开端。

"一村一品"运动让乡村重新发现自身价值。日本广岛附近的小村落——美星町是偏远山村,入夜之后,只剩满天星斗。当地人聚在一起感叹:"除了满天星星,这里什么也没有。"结果,这句话启发了居民:为什么不可以将星星变成景观,让外人来参观呢?如今的美星町已经成为日本观星的浪漫之地。

提到乡村,很多人只想到农业,其实农业只是乡村的一个方面。乡村至少包括三个方面的潜在能量,即以农为业的产业、以田园为相的环境、以人为魂的生活,每一个方面都可能成为乡村振兴的新动力。

丰冈在日本被称为最后的东方白鹳栖息地,许多经济活动皆与东方白鹳有关。东方白鹳曾是丰冈老一辈农人的儿时回忆。因经济发展中环境恶化,1971年日本最后一只野生东方白鹳死于丰冈,这对于当地人来说,是荣耀,也是耻

---

① 刘彦随(Yansui Liu),李玉恒(Yuheng Li). Revitalize the world's countryside,自然杂志(Nature)网,https://www.nature.com/news/revitalize-the-world-s-countryside-1.22452,2017年8月16日。

辱。他们提出"让东方白鹳有一天再度回到丰冈的天空"。40年后，80只东方白鹳重新翱翔在丰冈的天空，丰冈乡村也因东方白鹳的回归迎来了商机：不仅发展了东方白鹳旅游，而且利用东方白鹳元素开发了"东方白鹳"大米、大豆、米酒、豆腐等一系列食品和T恤、手袋、生活用品等东方白鹳周边伴手礼，形成了东方白鹳产业，带动了当地经济。

三、"术异"：用非常之力，竟非常之功，乡村振兴需要创新办法

何为"术异"？《孙子兵法》说："凡战者，以正合，以奇胜。"乡村振兴只靠坐而论道是难以实现的。乡村振兴是一场危中求胜的逆袭战，必须有出奇制胜的新办法，有不断创新的锐利的"武器库"。

有颜值能突围！没有颜值，用艺术创新也能突围！

天生丽质的乡村能以高颜值取胜，如"英国最美乡村"科茨沃尔德、荷兰的"绿色威尼斯"羊角村等。但不具备天生丽质的乡村怎么办？韩国的甘川文化村、日本的越后妻有选择了通过艺术突围。但两者选择的艺术路径完全不同，并都结合自身特质进行了定制化创新。

韩国的甘川文化村选择以色彩突破，2009年进行了村落美术计划。但与其他的彩色村不同的是：甘川充分利用自身层叠的山地特点，邀请专业艺术家以"上帝视角"进行了更富个性的艺术创新，打造出了立体视觉效果的"韩国版圣托里尼"。截止到2017年，这里的游客数量超过200万人[①]。

日本的越后妻有以"大地艺术祭"突破，2000年在北川富朗等人的推动下，第一届大地艺术三年展拉开帷幕。大地艺术祭强调居民和土地是主角，所有能永久性保存的作品必须满足三个条件：第一，得是好作品；第二，能抵抗冬季大雪；第三，与现成环境相互适应。《稻田》《龙头坪野公园》《仓库》等作品，都与当地农民的形貌、松代的梯田、被雪覆盖的拱形仓库等环境高度融合，形

---

① 釜山市下河区区厅官网：《甘川文化村游客突破200万人》，https://www.saha.go.kr/portal/bbs/view.do?mId=0301060000&bIdx=96823&ptIdx=24。

成不可替代的独特吸引力。

靠现代化能突围！不靠现代化，靠古朴原始也能突围！

前文提到的日本德岛县神山町依靠日本最快的光纤网络设施，谋取从文创到科创的振兴。而渔村伊根町则走了另一条道路——靠古朴原始的生活场景实现振兴。伊根町曾是捕鲸地区，但是随着城市化的发展而没落。正因为不发展，村落仿如时光停滞。伊根町最富特色的"舟屋"也因此得以保持，这是一种紧邻水边、一层停船、二层居住的渔村建筑。整理改造后的伊根町重现了昔日渔村场景，吸引都市人前往住宿体验。

▲ 伊根渔村保持了古朴的环境（华高莱斯　摄）

危机之下，需要乡村敢于创新，并且常来常新！

樱桃冠冒险农场是美国著名的乡村休闲目的地，"多变、互动"是其最突出的特点。这里最初只是牛奶厂，后来不断丰富功能。其著名的玉米大迷宫，图案设计一年一个主题，1996年是"机车迷宫"，2000年是"迷失太空"，2002年是"迷失奥兹国"，2007年是"飙风战警"，2013年是"外海冒险"……围绕流行的影片、音乐、童话和事件，不断随时代更新，吸引着人们的注意力。

综上所述，乡村振兴的帷幕已经拉开！但我们必须清楚，这是一场并不容易的逆袭战，需要"道—法—术"三个层面的谋划：一是明确大势，有所取舍，有所为有所不为；二是挖掘自身优势，寻找新资源观下的内生动力；三是出奇制胜，不断创新办法。

最终，集中力量、奇正相生，立足自身人才和长板优势的内生动力，创新，创新，不断创新，才能打赢这场逆袭战。

▲ 日本北海道富良野大地花海艺术（华高莱斯 摄）

日本越后妻有——乡村振兴需要怎样的艺术原动力

文 | 张文晖　知识研发主管
　　常　瑶　董事策划总监

一、艺术振兴乡村——欲罢不能的烈酒

2021年的中央"一号文件"将乡村振兴的重要性再次提升。在整个乡村振兴的发展过程中，各级乡镇在不同的振兴方式上已经做了大量探索。其中用艺术手段振兴乡村已不是新鲜的话题。"艺术乡建""艺术振兴""艺术激活乡村""艺术介入"等说法早已经大量出现。这是因为艺术"与政治、经济、社会、大众发生了紧密联系，扮演着一种动态激活的身份"[①]的作用，是众多乡村愿意品尝的美酒。但是更多时候，艺术这种酒是让人头疼的"烈酒"——艺术手段使用不当，不仅难以有效实现乡村振兴，甚至常常带来新的问题。

例如，音乐节作为一种吸引人气的艺术手段，在我国国内各地火爆上演。一场场音乐节在带给人们艺术享受的同时，确实在短期带来了庞大的人流聚集，例如2017年草莓音乐节在全国共12座城市举办，吸引了95万人涌入现场[②]。然而几天短暂的客流繁荣之后，带来更多的是"激情背后的苦恼"——热闹过后不仅重新恢复到萧条状态，而且产生了巨大的环境问题。草莓音乐节、迷笛音乐节、麦田音乐节等近些年不断传出节日过后垃圾遍地的负面新闻。2014年草莓音乐节在通州运河公园狂欢3天之后，留下了80车垃圾；迷笛音乐节也给海淀狂飙乐园带来超过20吨的垃圾清运重负[③]。音乐节成为一种"爱并痛着"的艺术手段。

[①] 搜狐网：《中国人民大学艺术学院副教授陈炯的艺术与设计》，https://www.sohu.com/a/391923832_732044，2020年4月28日。

[②] 噼啪音乐圈：《这些数据告诉你孤独其实并不可怕 | 2017草莓音乐节回顾》，https://baijiahao.baidu.com/s?id=1589935873666378771&wfr=spider&for=pc，2018年1月18日。

[③] 铁瑾：《北京草莓迷笛音乐节狂欢后共清理超80车垃圾》，《北京晨报》，https://news.qq.com/a/20140506/004507.htm，2014年5月6日。

▲ 草莓音乐节现场（图片来源：全景网）

除艺术过后的"重负"外，艺术家与驻留乡镇之间的沟通协调也非易事。因为这些艺术家在成名之前，往往处在"主流"的"边缘"，有时会采取极端的方式表达自己对艺术和生活的理解。像梵高，在其一生表达内心情感的过程中，不止一次上演过"割耳朵"的癫狂事件。沟通与协调往往成为艺术家聚集的乡村中日常管理的重要内容。

另外，艺术家们的乡村驻留，将艺术品植入乡间，固然是好事，但是要避免出现艺术与乡村脱离的问题。假如乡村仅仅成为艺术家个人表演背后的幕布，那么"艺术振兴乡村"只能是脱离乡村实际的"伪振兴"。只有从乡村本土出发的艺术，才是真正振兴乡村的有效手段。可是，真的有艺术家尤其是知名艺术家为了不知名的村庄而甘当配角吗？

面对上述艺术与乡村之间的各种磨合问题，日本新潟县一个叫作"越后妻有"的乡村给出了自己满意的答卷。

二、"小乡村大艺术"——越后妻有的成功秘诀

多数人描述越后地区都会用上川端康成《雪国》中的那句话："穿过县界长长的隧道，便是雪国。"越后妻有坐落在越后地区最南端，是新潟县包括十日町和津南町在内的一片760平方千米①的乡村区域。从越后妻有搭乘铁路到达东京需要两个多小时——这在日本，已经是非常偏远的地区了。"妻有"的日语为"远方尽头"之意，也清楚地描绘了这个深山雪乡的偏僻。

▲日本北方乡村多为冬季普降大雪的偏僻"雪国"（图片来源：全景网）

作为传统的偏远乡村，越后妻有地区不可避免地出现了人口空心化的衰败，人口数量仅剩不到7万，还不到巅峰时期的三成②。严酷的自然环境使越来越多的年轻人逃向大都市，老龄化越来越严重，不断有农田废耕，不断出现空

---

① 罗书银：《从"越后妻有"看艺术改变村镇》，《中国文化报》，http://www.sinology.cn/mess/w18juji/20180910117023.shtml。

② 陆诗雨：《艺术助力乡村振兴的行动路径——基于日本越后妻有、濑户内地区的案例分析》，腾讯研究院，https://www.tisi.org/?p=17657，2021年3月2日。

置房屋。在越后妻有走向衰败的过程中,艺术的出现成为其命运的转折点。

1. 策展大师助阵,打造属于"乡土"的在地艺术节

国际著名的艺术策展人北川弗兰,可以说是越后妻有的"艺术拯救者"。北川的老家就在同属越后地区的上越市。在 20 世纪 90 年代一次对越后妻有的参观中,他被这里的衰败所震撼,立志要用艺术拯救故乡,于是策划了越后妻有的大地艺术节。正如他所说:"看到乡村里的老年人在平静的生活中自然的微笑,这就是我最大的满足。"①

在大地艺术节的策划过程中,北川的理念与多数艺术节要"彰显艺术"有所不同。"大地艺术节"坚持的是"人与自然的结合"。这种以本地乡土为出发点的理念,也可以从艺术节的名字"大地"两个字上看出。就像北川自己所说,"这不是一个有关艺术的节日,艺术只是一个催化剂,是用来呈现当地历史和人的生活方式"。也就是说,大地艺术节真正的主角并不是艺术,艺术只是配角和载体。这也是用艺术振兴乡村所真正需要的方式。

从 2000 年开始每三年一届的大地艺术节,至今已经成功举办了七届。若非疫情的影响,2021 年本应举办第八届。至今共有 2 000 多组②艺术家和建筑师参与,其中不乏克里斯蒂安·波尔坦斯基(Christian Boltanski)、玛丽娜·阿布拉莫维奇(Marina Abramovic)、马岩松、蔡国强、草间弥生等当代艺术圈的大师级人物。越后妻有的大地艺术节,可以说是世界上最大、最成功的艺术节之一。

2. 非营利机构(NPO)协作组织,助力艺术节在地化落实

艺术家的带领无疑是乡村艺术振兴的重要推力,但是只有艺术家们是远远不够的。因为艺术与乡村的真正融合,需要细致的沟通、衔接和落实,而这些仅靠艺术家们自身往往难以实现。于是,具有"润滑剂"作用的非营利机构(NPO)就成为在地化落实的主体。

---

① 中国新闻网:《大地艺术节策展人北川弗兰:村民的笑是我前行的动力》,http://www.cankaoxiaoxi.com/china/20150627/832232.shtml,2015 年 6 月 27 日。

② 陈耀杰:《2018 越后妻有大地艺术节新亮点》,雅昌艺术网,https://news.artron.net/20181112/n1032346.html,2018 年 11 月 12 日。

在越后妻有的大地艺术节中，艺术家们负责艺术作品本身的创作，而整个艺术节本身的举办工作，如布展、协调和组织运营等，就落在了由本地居民和区域外的支持者组成的非营利机构——"越后妻有—里山合作组织"身上。尤其是其中的艺术节专门协作团队——"子蛇队（こへび隊）"，更是核心主力。"子蛇队"的成员包括本地居民、来自东京等日本各地及海外的义工们——从中学生到80多岁老人不等，不受年龄、职业和性别的限制，募集到的成员约千人。他们凭借兴趣加入，通过自发组织的方式参与到艺术节的工作中。从艺术节开幕前协助艺术家们完成艺术品的制作到开幕之后各场馆的接待管理，甚至是艺术作品、餐厅及民宿的营运，都可以看到这些热心义工们的身影。可以说，这个协作组织才是艺术节一届又一届成功举办的幕后功臣。

3. 艺术只是辅助的配角，"乡土"才是主角

以往的艺术往往凌驾于乡村本土之上，艺术家们也常常抱着对乡村进行"艺术启蒙"的居高临下的姿态。甚至有些艺术家们会以高高在上的态度问村民："看得懂这个作品什么意思吗？"这种凌驾于乡土之上的艺术是难以与当地结合的，艺术节往往变为了艺术的独角戏。

作为大地艺术节的策展人，北川先生曾说："我所认为的艺术是在人与自然的关系中诞生出来的。不论烹调从土地中采摘的东西所做的'食'，还是能在灾害多发地区生存下去的智慧所做的'土木工程'，这些都可以是让参观者体验并直接捕捉的广义上的艺术。"① 因此，假如艺术只是充当配角，那么一切基于本地乡土的创造，就都可以成为艺术了，也就成为主角了。

那么如何才能做到以乡土为主角呢？越后妻有的大地艺术节或许能带给我们启迪：

第一，打破艺术的空降感，树立土地与居民的主角地位。

越后妻有大地艺术节中，强调要反映与本地居民和土地相结合的艺术作

---

① 三叶草：《越后妻有大地艺术祭：这不是一个属于艺术的节日》，艺术新闻，http://www.tanchinese.com/archives/exhibitions/7156，2015年8月30日。

品。因此，与当地不相适应的艺术作品，是无法得到好的评价的。每一届艺术节举办后，经典的作品会被永久性保存。

更重要的是，当地居民并不只是被动的旁观者，而是被推上了艺术节的"舞台中央"——村民们也是艺术品的创作者与制作者！参与大地艺术节的村落，在2000年第一届时有28个，到2015年第六届时已经增至110个[1]，并且还在增加中，村民们参与的热情越来越高。

取得这样的成果并不容易。起初，当地村民对于艺术节并不感兴趣，甚至持怀疑态度；当地政府也不愿配合，认为虚幻的艺术节对解决经济问题毫无帮助。于是，在首届越后妻有大地艺术节举办前，北川用了4年的时间四处奔走宣讲、寻找赞助和支持，才最终在2000年成功举办了第一届大地艺术节。但是，与当地人的沟通至此还远没有结束！在每一届艺术节的3年周期中，除50多天会期外，其余的1 000天中，他每天都要不断地与当地人交流想法，艺术家们也尽可能多地与当地人交流感想、生活情况、对土地的认识及对作品的要求或期待等。正是基于这种沟通与努力，才激发了当地民众的参与热情，赋予了艺术作品极强的乡土表达，让艺术节不再是艺术的独角戏，而成为一曲全民共演的艺术大合唱！

这其中最经典的莫过于设置在林中梯田上的艺术作品——来自伊利亚与艾米莉亚·卡巴科夫（Ilya & Emilia Kabakov）的《梯田》，这部作品就是用艺术呈现乡土生活场景的典型。第一届大地艺术节举办之前，伊利亚来到越后妻有，对雪地中辛苦劳作的农民钦佩不已，因此，决定创作一个农耕场景的作品。恰巧听闻村民福岛友喜因为骨折而放弃耕种，于是卡巴科夫向福岛友喜提出了使用他的梯田进行创作的愿望。福岛虽然起初拒绝外人改造梯田的样貌，但最终还是被卡巴科夫的诚恳打动。

卡巴科夫的做法不同于传统艺术作品。他直接用雕塑的形式将农民耕作

---

[1] 《从"越后妻有"看艺术对城镇的改变》，搜狐号艺术市场通讯，https://www.sohu.com/a/251780816_99976825，2018年9月4日。

的形象栩栩如生地放置在了梯田中，分别呈现出"犁田、播种、插秧、割草、割稻、到城里贩卖"等一连串动作状态。同时将一首歌颂农民的诗，也做成雕塑矗立在田中，从梯田对面的观展台看去，整幅作品就像具象化的绘本。在这个作品的鼓舞下，福岛先生和他的太太竟然愿意返回田中复耕。这个《梯田》作品是越后妻有最知名也最经典的艺术作品之一。它之所以成功，就是因为在被人耕种的田地中，用艺术的方式呈现和歌颂了本地农民农耕生活的原风貌场景，使得艺术完全融入乡土大环境之中，成为展现在地精神的、有灵魂的艺术作品。

▲ 日本的普通乡村梯田，村民们的日常劳作生活（图片来源：全景网）

第二，艺术不仅是新生作品，还是乡土旧物的再生。

随着人口的流失，越后妻有地区很多民居被闲置，出现了几百座废弃的空屋。处理掉它们需要花费当地难以承受的巨款；但若放任不管，又可能在雪季被暴雪压垮成为废墟，实在是一个沉重的负担。因此大地艺术节从第一届就开始关注空屋改造的问题，当地的40栋空屋、10所废校，就被大地艺术节改造成为餐厅、宿舍或展览空间①。让废弃房屋以艺术的方式重新焕发在地魅力，是大地艺术节的目标之一。

《梦之家》项目是废屋改造的典型。前南斯拉夫艺术家玛丽娜·阿布拉莫维奇将一所100年历史的旧空屋以"梦"为艺术主题改造为民宿：内部的4个房间使用4种光线营造梦境感；床是一个类似棺材的长方盒子；同时用水杯等众多小型物品模拟梦境中的幻影。另外，《梦之家》还创造性地用一本笔记本——梦之书，把住客的梦"留下"。这本写满了普通游客梦境的《梦之书》不光已经出版，还在日本最大的连锁书店纪伊国书屋售卖，在日本亚马逊平台上的售价超过2 000日元（约125人民币）。总之，这种艺术化的民宿改造不仅使旧屋得以再生利用，而且成为吸引很多旅游者来此驻留的吸引物！

第三，设计支持农产，大师带动升级。

越后妻有所在的新潟县是稻米产量仅次于北海道的日本第二农业大县。越后妻有自身也是传统的农耕地区，但一直以来局限于原始农产品销售方式。虽然有着"越光米"这样质量受人肯定的农产品牌，但农产品卖得再好，也依然无法突破传统农产品天花板的局限性。

于是，越后妻有运用艺术节带来的艺术大师们的设计，开始创造属于这片土地的新特产。在大地艺术节的线上商城中，有众多当地特产正在售卖。而其中有不少商品融入了曾来布展的知名艺术家的作品元素，成为具有大师标签的创意产品。

例如，草间弥生的《花开妻有》作品图案的包裹布，在大地艺术节官网上售价高达4 800日元（约290人民币）；具有田岛征三设计图案的包裹布也卖到了3 800日元（约230人民币）。这些包裹布都是当地村民制作的，现在得到知名艺术家的设计"加持"，成为具有吸引力的商品。还有以我国台湾绘本画家几米设计的图案为外观的儿童拼图、标签纸、钱包等成为来这里参观的年

---

① 丁宁：《越后妻有大地艺术祭：乡村"拟像"与"难以到达之地"》，澎湃新闻，https://www.thepaper.cn/newsDetail_forward_2447084，2018年9月18日。

轻人喜欢的商品。

这些原本在越后妻有的荒山中无人问津的东西，在大师设计的带动下，现在不仅在越后妻有本地售卖，甚至还卖到了东京最繁华的新宿——老牌百货商场伊势丹专门为来自越后妻有的经过艺术化设计的商品举办了专场展销会，深受年轻时尚消费人群的欢迎。

4. 世界最大规模的艺术节，伴随着越后妻有一起成长

在艺术节的带动下，越后妻有逐渐成为日本知名的旅游地。前来艺术节的游客在2018年第七届时已经达到了创纪录的54万人次[①]——在50多天的节日期间，几乎一天1万人，这对于一个原本不知名的乡村来说，堪称"盛况"！而且，这种火爆的局面还在不断升温。越后妻有甚至为了能够进一步盘活冬天资源，开始举办冬季艺术节，如日本最大的花火大会及地面灯光秀等冬季特色活动。

越后妻有用艺术的形式让一个濒临衰亡的偏远农村地带成为如今活力四射的魅力乡村。大地艺术节执行委员会的综括报告书统计[②]，除行政志愿外的执行委员中，93.9%的人认为大地艺术节对激发当地活力有积极效果，86.4%的相关业主表示大地艺术节期间销售额有所提升，95.7%的业主希望继续举办大地艺术节；每一届艺术节可以为新潟县带来约50亿日元的可观经济效益。

以乡土为根的艺术节才是真正受民众支持的振兴模式。大多数艺术节往往"来了又走"，与当地居民没有互动。而越后妻有的艺术节正是因为将艺术深深地根植于乡土之中，才使得村民们从最初的怀疑抵触转变到如今的全情支持，并与艺术家们建立了深刻的互助、依赖关系。就连北川自己也感到不可思议："当地人，尤其是老爷爷老奶奶们，竟然可以这么积极主动地参与到大地艺术节当中，为艺术家们的作品制作担任义工，这是十五年来让我感到最满足也

[①] 钱梦妮：《全球最牛大地艺术节的操盘手，首个中国项目将落地杭州》，第一财经，https://www.yicai.com/news/100085699.html，2018年12月24日。

[②] 《大地艺术节越后妻有三年展2012综括报告书》，大地艺术节执行委员会，http://www.city.tokamachi.lg.jp/ikkrwebBrowse/material/files/group/4/000028292.pdf，2013年3月。

最惊讶的事了。"[1]

从越后妻有的艺术振兴模式反观中国乡村,必须让艺术根植于乡村本土,将乡村推向艺术的舞台中央。只有这样,才不会让乡村沦为外来艺术家演出独角戏的舞台,才能真正实现乡村振兴!

需要说明的是,以越后妻有现在的情况来看,虽然通过艺术节实现了人气的超强带动,但是人口流失的问题并没有得到实质性解决。按照当地村民的话说,年轻人依然很少回来。现在支撑艺术节繁荣的是尚且精神矍铄的爷爷奶奶们,以及外地甚至国外的义工。即便是像《梯田》作品的土地所有者福岛友喜那样感动于大地艺术节而复耕的本地村民,也表达出身体条件已不允许坚持下去的遗憾。

当留守的本地人也老去时,艺术节所依托的本土人文恐怕也会失去最根本的支撑。因此在我们的乡村还未彻底老去之前,用根植于乡土的艺术手段进行振兴,即便不能使人口因此而回流,也至少能保持持续的人气热度。有了人气,我们才有可能谈及进一步的经济活化。总之,艺术振兴乡村需要的不是高高在上的外部拯救,而是内生的乡土活力的激发。只有这样,艺术才能从令人头痛的烈酒真正变成由乡土自然酿造的美酒!

---

[1] 三叶草:《越后妻有大地艺术祭:这不是一个属于艺术的节日》,艺术新闻,http://www.tanchinese.com/archives/exhibitions/7156,2015 年 8 月 30 日。

▲ 日本山村风貌（图片来源：全景网）

日本神山奇迹——从"偏远乡村"到"绿色硅谷"的乡村振兴之路

文 | 石晓霞

乡村是人们心底那抹淡淡的"乡愁"，无论"古道西风瘦马，小桥流水人家"还是"烟雨蒙蒙鸡犬声，有生何处不安生"，都是人们心底那抹最温柔的记忆。然而，我们记忆中的乡村正在被城镇化的浪潮吞噬，大量的农村人口向城市转移。越来越多的乡村被"空心化"困扰，人们记忆中原本人丁兴旺、充满生机的乡村如今万籁俱静……

在工业化、城市化高歌猛进的时代，许多国家都存在以凋敝为主调的乡村。与我们相邻的日本已早于中国出现了乡村的衰败。1960—1970年是日本经济高速增长的时期，大量农村劳动力涌入城市，由此也导致农村地区出现老龄化和过疏化的现象。直到21世纪，除以东京为首的几大都市圈人口持续增长外，其他区域的人口均处于持续减少的状态，农村活力在下降，经济也在衰退。

然而，在这一片衰败凋零的乡村中有一个乡村脱颖而出，逆袭成功，它就是日本的神山町！

神山町是日本德岛县治下的一个普通村落，曾因林业的发展繁荣一时，但随着木材价格下降，最终没能逃脱乡村衰落的命运——人口从1955年的2.1万人锐减至2015年的6 000人。如今的神山町聚集了来自都市的年轻人。2011年，神山町的迁入人口首次超过了迁出人口。虽然自然增长仍为负一千余人口[1]，减少的趋势并未得到抑制，但无论如何这是自神山町1995年建町以来，人口机械增长第一次为正。

曾经，它也面临农业衰败的困境，如今，这里成为前沿企业的集聚场。

20年前，神山町面临林业衰退的局面，年轻人纷纷外出打工，只有年迈的

---

[1] 日本神山町官网数据，https://www.town.kamiyama.lg.jp/office/juumin/residents/population.html。

老人留守。如今的神山町聚集了以 IT 和广告行业为代表的 33 家卫星企业[①]，集聚着才华横溢的创意人和商业精英，这个曾经衰败的乡村正逐渐向创造力的孵化器、工作方式的试验场的方向迈进。

曾经，它是鲜为人知的偏远乡村，如今，它是城市青年的乡土移居地。

神山町是日本的偏远乡村，曾经无人问津。可是，如今，神山町不仅吸引了日本国内的企业和年轻人，而且吸引了不少外国人。神山町曾经是年轻一代逃离的故乡，如今又成为年轻一代归来的理想移居地，让归来的年轻人在故土上走出人生的新方向。

熟悉神山町的人都被神山町的这些变化深深震撼，人们将神山町的这些变化称为"神山奇迹"，神山町也成为日本诸多衰败乡村振兴的样板。

一、谁创造了"神山奇迹"？

1."神山奇迹"的缔造者："绿谷"

"神山奇迹"背后，有一支不容忽视的在地力量——绿谷（Green Vally）。它是一个非营利性公益组织，其前身是 1992 年致力于促进国际交流的"神山町国际交流协会"，包括理事长大南信也在内共有五名工作人员（除工作人员外，还有 10 名理事）。他们的主要工作是为移居者和艺术家提供帮助、对空置房屋再利用、人才培养、道路清扫等。"绿谷"这一公益组织在神山町谋求转变的过程中起到了开创与引导作用。"绿谷"这一小小机构也因卓有成效的工作而闻名日本。

2. 着眼于人，吸引"创造性人才"

"绿谷"理事长大南信也认为，乡村的发展应该注重"人"而非"物"。通过挖掘一些景点或乡土料理来吸引大量游客，终究不是长远之计。一旦旅游风潮过去，乡村就会变回原来的样子。只有吸引人才扎根，才能保障乡村长远

[①] 库索.《中国人涌向城市 日本人逃往农村》，《新周刊》2016 年总第 471 期。

发展。为此，大南信也积极改变人口的结构，以期实现该地区的可持续发展。所以，"绿谷"在寻找准移居人时，不仅寻找退休的中老年人，更寻找有孩子的家庭或育龄期的年轻夫妻，甚至提出每年必须有五户带两个孩子的家庭迁到神山町的目标，以此构建起理想的金字塔形人口结构，实现人口的均衡。同时，"绿谷"也特别注重那些"手艺人"，如面包师、网页设计师，吸引他们移居神山町，让他们在劳动中发挥自己的特长。

▲ 通过吸引年轻家庭移居改善人口结构（图片来源：全景网）

二、如何创造"神山奇迹"？

为吸引"创造性人才"，神山町在"绿谷"的带领下，提升当地硬件设施并出台各种优惠政策，通过"两步走"战略，成功创造了"神山奇迹"！

Step 1：做文创，引人来！

1997年，德岛县制订了新一轮长期计划，公布了设立以神山町为中心的"德岛国际文化村"的构想；1999年，神山町确定了以文化和艺术为中心开展乡村建设的目标；同年，"绿谷"正式启动了让国内外艺术家们开展创作活动的

"神山艺术家进驻"（Kamiyama Artist In Residence，KAIR）项目。KAIR 通过承担艺术家的交通费、生活费、材料费等全部开支，吸引他们来到神山町与当地的居民交流，获得新的想法、灵感，孕育出新的作品。

1. 让村民参与进来，让村民亲力亲为

KAIR 最大的特点是：让村民参与进来，坚持自己主导，亲力亲为！所以，KAIR 中艺术家的招募和选拔都是由"绿谷"完成的。从 1999 年开始，KAIR 每次招募三位艺术家。"绿谷"不仅重视有形的作品，更重视艺术家们通过与当地居民和自然进行交流而创作的无形的作品。

在 KAIR 的招募条件中有这样一段话："如果你追求完善的设施，神山不是你该来的地方；如果你追求充足的资金，神山不是你该来的地方。但是如果你想在日本乡间与热心的人们沟通交流，如果你想参与一个探索人类本质的项目，神山是你该来的地方。"[1]

招募条件特意强调让艺术家们在与当地居民的交流碰撞中激发出新的创意、创作出新作品、产生新的观念和想法。他们认为，比作品本身更重要的是与当地居民一起成长的过程。

2. 村民热情的接待，全力配合艺术家

参加 KAIR 的每位艺术家配有两到三个助手，助手分别担任"父亲"和"母亲"的角色，"父亲"负责采购木材石料和与土地所有人进行交涉等事务性的工作，而"母亲"提供起居生活上的各种帮助。同时，"绿谷"将空置的小学用作工作室，让艺术家们入驻改造过的旧民居。艺术家们在神山町受到了当地居民热情的接待与帮助，许多艺术家十分享受在神山町的经历，在活动结束后重返神山町，更有三位艺术家还移居于此。2007 年，"绿谷"设立"Art In 神山"项目，神山町免费提供住宿，但只承担工作室的部分费用，但这并未阻止艺术家们对神山町的向往。

KAIR 与"Art In 神山"项目大大提升了神山町的名气与关注度，越来越多

---

[1] [日] 筱原匡.《神山奇迹：一个偏远山村变身绿色硅谷的故事》，虞辰，译. 新星出版社 2016 年版，第 155-156 页。

的艺术家希望入驻神山町。到 2018 年，已有来自 18 个国家的 61 位艺术家通过访问了神山町。而到了 2019 年年末，已有来自 23 个国家的 79 位艺术家访问了神山町①。神山町正一步步实现国际文化村的构想，逐渐成为德岛县的当代艺术中心。艺术家们留下来的作品也成为神山町的观光旅游资源，吸引着大量游客。

▲ 正在进行艺术创作的外国艺术家（图片来源：全景网）

Step 2：做科创，留下人！

渐渐地，大南信也发现通过"文创"并不能实现神山町的可持续发展。一方面，艺术家们只是短暂停留，很少有艺术家真正留下来；另一方面，无法持续地吸引游客到访参观，而且每年持续增加驻地艺术家、增加艺术作品，对于神山町这样的小乡村来说是一笔不菲的投入，显然不切实际。因此，"绿谷"开始寻找文创之外的其他方向。

1. 建设全国首屈一指的 IT 环境

从 2005 年起，德岛县全境便铺设了 光纤网。光纤总长超过 20 万千米，能

---

① 数据来源：https://www.in-kamiyama.jp/images/2020/07/GREENVALLEY_JOURNAL2020_July_compressed.pdf。

绕地球五圈。全县人均占有光纤长度排全日本第一[①]。其中神山町更是拥有全国首屈一指的通信基础设施：光纤普及率高达90%[②]，最高网速甚至可以达到东京的10倍[③]。"能不能充分利用如此强大的基础设施开展新的信息产业呢？"

2．抓住日本IT风投"转移浪潮"

此时正值日本IT风投的"转移浪潮"。一方面，东京等一线大城市过度饱和，日本总务省有意启动"乡土远程办公"计划，以实现人口向地方的转移。因此，企业开始把目光投向地方，纷纷在偏远地区寻找理想的办公场所。另一方面，日本"3·11"大地震后，企业开始探寻业务连续性计划（Business Continuity Plan，BCP）——如何在灾害发生时，能保持业务的运转——这就需要把业务分散到各地。抓住日本IT风投"转移浪潮"，发挥神山町的基础设施优势，"绿谷"推出向城市企业出租空房的"卫星办公室（Satellite Office）"项目。

2010年10月，一家提供名片管理云服务的东京IT风投企业——Sansan在神山町设立了短期研修型卫星办公室——神山实验室。神山实验室是一个实践新工作方式的实验室，Sansan的社长寺田亲弘看中"硅谷"的工作方式，认为神山町丰富的自然资源与自由的工作方式能为员工们提供宽松的氛围，并大大激发他们的创造性。正如Sansan营业部部长加藤容辅所说："来到这里，似乎脑子里的条条框框一下子被打破了，会冒出好多新的想法。把脚泡在河里聊天，一边在山中漫步一边讨论……神山町是制订战略计划最好的地方了。"[④]

神山实验室也开创了"半X半IT"的工作方式——其中X是指冲浪、狩猎等个人爱好，即提倡在宅工作、半天劳动制，由员工自行分配工作时间，通过新的工作方式提高工作效率，推动电子化办公。Sansan入驻神山町后，又有9

[①] ［日］筱原匡.《神山奇迹：一个偏远山村变身绿色硅谷的故事》，虞辰，译.新星出版社2016年版，第3-4页。
[②] 日本总务省官网数据，https://www.soumu.go.jp/main_sosiki/joho_tsusin/top/local_support/ict/jirei/2017_073.html。
[③] 澎湃新闻：《日本的神山町：乡土远程办公》，https://www.thepaper.cn/newsDetail_forward_1425723，2016年1月26日。
[④] ［日］筱原匡.《神山奇迹：一个偏远山村变身绿色硅谷的故事》，虞辰，译.新星出版社2016年版，第90页。

家风投企业相继入驻,其中不乏大型 IT 企业,如雅虎、谷歌等,虽未设立固定办公室,却不时会派员工来短期工作,由此,闲置已久的老旧民居陆续被改造成了办公场所。

2013 年,从事元数据应用与接受的 Plat-Ease 在神山设立长期型卫星办公室——缘侧办公室。Plat-Ease 的到来,给神山町带来了各种新变化,最显著的一点就是增加了就业:2013 年 7 月以来,缘侧办公室共录用 20 多名职员,其中 17 人是德岛县人,6 个是神山本地人[①]。Plat-Ease 创始人隅田彻还在神山町建造了以"成年人的合宿场所"为理念的大开间商务旅馆,让卫星办公室人员、"绿谷"的工作人员、来神山町参观的人等不同圈子的人聚集在一起,互相激发创意与灵感,同时让神山町更美好。

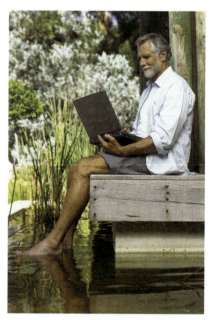

▲ 边休闲边办公的新型办公模式
（图片来源:全景网）

3. 提供完善的生活配套服务

神山町先进的基础设施与优美的自然环境吸引了更多企业和年轻人。随着移居者的增多,当地各类店铺和服务设施也越来越齐全,面包房、咖啡店、牙医诊所、法式餐厅、图书馆等都出现在了神山町。随着工作条件和生活条件的改善,工程师、程序员等不受工作地点限制的人经常来到这里,近来,连远程办公不那么便捷的团队也开始在神山町办公了。

通过"两步走"战略,神山町实现了从"绿色文艺"到"绿色硅谷"的成功转型,形成了由现有移居者带动更多人移居的良性循环。在人口流失和老龄

---

① [日]筱原匡.《神山奇迹:一个偏远山村变身绿色硅谷的故事》,虞辰,译.新星出版社 2016 年版,第 33 页。

化的大时代趋势里，神山町不断挑战和突破挑战，成为企业与年轻人的聚集村落，更成为21世纪的前沿所在。

三、"神山奇迹"可延续吗？

1. 通过神山塾的内培实现"人的循环"，为神山町发展提供可持续人才

"神山奇迹"的核心在于"人"，神山町不仅吸引外部"创造性人才"，也注重内部培育"创造性人才"。在"绿谷"的协助下神山町开展神山塾。这也是日本厚生劳动省推进"求职者支援制度"的一环。神山塾的学员年龄集中在25～39岁，主要吸收来自首都东京附近的年轻人。神山塾为参与者提供关于社区组织、乡村改造和机构管理等方面的培训，以及策划运营空房重新利用、造林、自然课堂等根植于当地的活动。从2010年12月至2016年，已经举办了6期培训，参与者77人中，35人留在了神山町，其中有8名在神山町自己创业[①]。

第三届神山塾学员神先岳史不仅在神山町起启了意大利餐厅Eleven，还主持每月一次的"神山青年人峰会"，联结当地人和移居的年轻人，为神山町的发展注入了不可估量的活力。

2. 神山町自由开放的氛围，让神山町持续不断地成为人才的磁极

神山町最大的吸引力在于它的"氛围"。"只要移居者想朝前走，神山町人就会慷慨地给他们帮助。这样的温暖，让迷茫的人变得积极。热情的接待、交流，对外来人员的认可——正是神山町氛围的核心。"神山町后来所取得的这一切都得益于神山町人自身散发出来的热情与开放的心态；他们鼓励个人和企业来此创业，不是"你一定要做这个做那个"[②]，而是"做你们能做的事就可以了"[③]；并不计得失地去帮助这些初来神山町的人。正是这种热情吸引并将持

---

① 日本神山町官网资料，https://www.town.kamiyama.lg.jp/office/soumu/image/%E3%81%BE%E3%81%A1%E3%82%92%E5%B0%86%E6%9D%A5%E4%B8%96%E4%BB%A3%E3%81%AB%E3%81%A4%E3%81%AA%E3%81%90%E3%83%97%E3%83%AD%E3%82%B8%E3%82%A7%E3%82%AF%E3%83%88v.1.2.pdf，第40页。

② [日] 篠原匡.《神山奇迹：一个偏远山村变身绿色硅谷的故事》，虞辰，译.新星出版社2016年版，第180—182页。

③ [日] 篠原匡.《神山奇迹：一个偏远山村变身绿色硅谷的故事》，虞辰，译.新星出版社2016年版，第75页。

续吸引源源不断的人才。

四、"神山奇迹"可复制吗？

可复制！"神山奇迹"对我国乡村振兴具有一定的借鉴意义。神山町最大的硬件优势是拥有全国首屈一指的通信基础设施；目前，中国正在加强乡村公共基础设施建设方面，在2021年中央一号文件中明确提出：实施数字乡村建设发展工程。推动农村千兆光网、第五代移动通信（5G）、移动物联网与城市同步规划建设。这将大幅提升了乡镇及以下区域光纤宽带渗透率和接入能力，为乡村经济的多元发展提供了硬件支持，农村的通信网络将迎来一场深刻的变革，"乡土远程办公"将变得越来越可行。

但有地点限制！中国大都市及科技重镇周边的乡村有机会创造"神山奇迹"。新时代的科创精英越来越注重生活品质，他们是生活方式的移民，"半X半IT"的工作方式就是最好的诠释，这些乡村既要有满足工作的硬件环境，又要有青山绿水的休闲环境，还要有不输大城市的精彩生活环境。大都市及科技重镇周边的乡村既属于乡村又距离城市很近，生活非常便利，是理想的移居地，也是中国"神山奇迹"最有可能的诞生地！

在中国，北上广深一线城市聚集了大量科创企业与科技精英。同时，这些大城市具备完善的交通设施，与周边区域的联系非常便捷。所以，北上广深周边的乡村是都市外溢的最大受益者，有机会承接都市外溢的科创企业。其中那些山清水秀、交通便捷、IT环境优越的乡村，更有机会创造像日本神山町那样的"绿色硅谷"。其实，不仅是这些一线城市，像成都、西安、武汉、杭州这些理工院校或科技企业集聚的城市，其周边的乡村也都大有机会！随着乡村振兴的不断深化，以及中国城市群的不断崛起，我们有理由期待中国的"神山奇迹"出现！

▲ 伊根渔村景致(华高莱斯 摄)

日本伊根渔村——"要想富,不修路"的绝地求生术

文 | 毕春洋

城市化是全球社会经济发展的必然趋势。如果没有乡村振兴，很多乡村的没落似乎是意料之中的事情：距离城市近的乡村运气好能被大城市吞并，成为诸多边缘城乡接合部中的一个；运气不好的干脆只能被大城市"抽血"，什么都贡献了却怎么也得不到一个名分。距离城市远的乡村更不必说，没有资源和政策的帮扶，犹如缺少养分的末梢神经，往往是最先没落的地方。

然而，你能想象有这样一个偏远的小村庄吗？这里不但没有极力连通大城市，反而因为"绝世而独立"赢得了生存乃至发展的新机遇，它就是日本的小渔村——伊根。

一、"过疏化"背景下，伊根的发展一度陷入绝境

伊根町隶属日本京都府，位于丹后半岛的东北角，是日本近畿地方的最北端。伊根人世代以捕鱼为生，水产品捕获量一度能占到京都府总量的25%[1]。然而好景不长，随着社会经济的发展，偏远的伊根町陷入了当时日本乡村的普遍死局——"过疏化"之中。

20世纪60年代，日本经济快速发展，一方面以东京为代表的大都市圈人口高度集中；另一方面交通区位条件差的偏远乡村地区则深陷人口流失、少子高龄、产业滞后的泥潭；这种现象被称为"过疏化"（日语：地方過疎）。当时全日本66.6%的乡村都出现了过疏化[2]，伊根就是其中之一。伊根不仅地理上距离大阪、京都等大城市远，还没有铁路和机场，只能依靠公路交通。十年间，伊根的人口减少了一半，老龄化率高达42.7%[3]，加上渔获量连年下降、水

---

[1] 伊根町政府官网：http://www.town.ine.kyoto.jp/chosei/suisan/1445912095036.html，2015年。
[2] 焦必方：《伴生于经济高速增长的日本过疏化地区现状及特点分析》，《中国农村经济》2004年第8期。
[3] 伊根町政府官网：《平成23年度"伊根浦观光"伊根浦观光振兴愿景（详细版）》，http://www.town.ine.kyoto.jp/ikkrwebBrowse/material/files/group/4/syosaiban.pdf，2012年2月。

产价格震荡等因素影响,整个地区的发展危在旦夕。

当时,日本政府挽救过疏地区的主要手段是发放"地方过疏债"。俗话说:"要想富,先修路。"拿到"过疏债"的乡村,纷纷开始修整外部道路,打通与大城市的联系。日本政府也期望交通条件的改善能为乡村导入城市资源。此时的伊根却不为所动,俨然一副不食人间烟火、不管不顾的姿态。然而事实上正是这种"要想富,不修路"的险招成就了今日的伊根。当时很少人考虑到修路的坏处:在缺少吸引磁极的情况下贸然完善交通,极有可能进一步加剧大城市的虹吸效应!伊根"不问世事、苦练内功",终于为日后乡村的发展攒足了力量。

二、聚焦"三农",魅力提升——伊根渔村的自救之道

解决"三农"问题是乡村振兴工作的本质与核心。伊根在不修路的同时,把精力和资源都放在了"渔村、渔业和渔民"的三"渔"问题上,以求突破。

1. 渔村:老旧有老旧的魅力——古老舟屋变身农村新符号

虽然放弃了改善交通,但伊根人仍然希望能吸引城里人来这里旅游消费。所幸的是,他们还有一样祖上传下来的宝贝——舟屋。舟屋出现于江户时代中期(1800年左右),是当时的伊根渔民用来存放木船、收纳渔网的二层木屋。临水而建的238座舟屋[1]分布在伊根湾狭长的岸线上,构成了全日本绝无仅有的建筑奇景。

即使景致绝美,舟屋在当时却也不是很出名,但是伊根人抓住了最佳的机遇——拍电视剧。20世纪八九十年代正是日本电视剧的黄金时期,这段时间在伊根取景的三部电视剧——《寅次郎的故事》《钓鱼迷日记》和《丹后美人》,彻底让伊根舟屋火了。据统计,《丹后美人》播出后的平成五年(1993年),伊根游客数量达38.5万人,是5年前的三倍[2]!旅游收入达6亿日元,比5年

---

[1] 数据来源,维基百科。
[2] 伊根町政府官网,*Ine Town Castle Statistics 2018*,http://www.town.ine.kyoto.jp/chosei/tokei/1449040102101.html,2018年10月。

前多了四倍[①]！

在舟屋的热度快到巅峰的时刻，伊根人也没闲着，一方面积极申请国家认证背书，让舟屋所在的"伊根浦"地区成功被选为"全日本重要建筑物保存地区"，伊根从此闻名日本；另一方面将舟屋与伊根的对外营销紧密融合，创造了吉祥物"舟屋君"（ふなやん）。"舟屋君"带着伊根的特产到全国各地去宣传推介，为伊根赚足了人气。

就这样，舟屋的人气与伊根牢牢地绑定到了一起，古老的建筑成了乡村的新符号。

▲ 伊根渔村的舟屋（华高莱斯　摄）

[①] 中小企业管理局官网：《経営発達支援計画の概要》，https://www.chusho.meti.go.jp/keiei/shokibo/ninteikeikaku/download/26-19.pdf，2018年3月23日。

2. 渔业：偏远有偏远的优势——打造最质朴的旅居渔业体验

伊根的舟屋虽然美，但是也非孤品——这种建在水上的房子在东南亚的一些国家也不少见。那为什么只有伊根经久不衰，还能持续吸引许多的外国游客反复前往呢？答案是伊根舟屋的绝美容颜背后，还蕴藏着日本最质朴的"渔海生活"魅力。

伊根是京都府主要的渔业产地，而且依然保留有最淳朴的渔业捕捞手段。这里甚至还有渔夫们驯养鸬鹚捕鱼。伊根的职业渔夫们坚守着世世代代的生活习惯，每天早上3点准时出海，到下午5点归来，晚上8点左右熄灯就寝，没有纷扰的夜生活，形成了不同于大都市的伊根节奏。同时，这里没有超市和便利店，也没有快餐店和酒吧，取而代之的是传统的码头鱼市、创立于1754年的向井酒造①和江户风格的渔家民宿。

▲ 伊根渔村街景（华高莱斯 摄）

---

① 伊根町政府官网：http://www.town.ine.kyoto.jp/mobile/keitai_kankou/moderukosu/1446693557852.html。

伊根传统渔业文化演绎的巅峰当属每年 7 月下旬举办的"伊根祭"。在这场有着 300 多年历史的祭祀上①，男性渔民们身着传统的捕鱼服，乘着独特的"船型祭台"驶向海湾，完成祭祀仪式后再驶入海湾中心的"青岛"——只有男人能登陆的无人小岛，在那里完成祭典的后半段，祈求来年航海平安、渔获丰收。

可以说来到这里，就告别了 21 世纪的现代都市，回归到最简单质朴的"渔海生活"。

3. 渔民：人少有人少的好处——全民参与提升旅游服务水平

伊根的村民数量一向不多，只有 2 000 多人②，然而"众人拾柴火焰高"，2 000 多位村民成了活化乡村的中坚力量。伊根町政府也深知要发动群众，将培养、教导和激发村民作为伊根乡村振兴战略的基石。

最有代表性的举措是制订了"本村漫步"和"观光模拟"两大行动计划。"本村漫步"是定期组织 10 人规模的主题散步③，如"讲述历史""渔业生活""美食美宿"等。在散步中围绕主题充分交流，增强村民对本地风土人情的自豪感和熟识度，也提高了他们的表达能力，为人人都是向导做了准备。"观光模拟"则让村民扮演游客，以游客的心态和身份去思考"游客会对什么感兴趣""游客会愿意在哪里停留""游客最希望带走什么纪念品"等问题，从而及时对本地的旅游功能和旅游产品进行调整。

伊根尤其重视发挥孩子们的想象力和创造力，发起了"骄傲伊根百选计划"，其核心是鼓励中小学生去探索与评选伊根的 100 个新景点和新卖点④，以孩子的视角重新发现伊根町的魅力。就这样，伊根让全体村民参与到了乡村振

---

① 关西祭官网：http://www.kansaimatsuri.com/zh/matsuri/986/。
② 伊根町政府官网：*Ine Town Castle Statistics 2018*，http://www.town.ine.kyoto.jp/chosei/tokei/1449040102101.html，2018 年 10 月。
③ 伊根町政府官网：《平成 23 年度"伊根浦观光"伊根浦观光振兴愿景（详细版）》，http://www.town.ine.kyoto.jp/ikkrwebBrowse/material/files/group/4/syosaiban.pdf，2012 年 2 月。
④ 伊根町政府官网：《平成 23 年度"伊根浦观光"伊根浦观光振兴愿景（详细版）》，http://www.town.ine.kyoto.jp/ikkrwebBrowse/material/files/group/4/syosaiban.pdf，2012 年 2 月。

兴中，来提升全体村民的旅游服务热情和能力，充分调动有限的人力资源实现旅游服务水平的最大化。

▲ 伊根渔村一角（华高莱斯　摄）

"要想富，不修路"的伊根摆脱了走向衰亡的命运，成为"日本最美乡村"、举国皆知的"海上京都"。纵观世界乡村的发展趋势，无论日本的"地方过疏"还是韩国的"新村运动"，乡村的衰落和复兴都有其规律性与必然性。

在中国，乡村人口的减少也是不能回避的问题。因此，日本伊根的案例对于中国的很多乡村具有借鉴价值：想要实现复兴，不仅要有绝地求生的勇气，还要有发现自我优势的独到眼光，以及将村民凝结成一体的努力。

▲ 暗夜乡村风景（图片来源：全景网）

从日本美星町到世界的暗夜乡村——来自星星的振兴力量

文 | 杨 靓

你能想象一个远离大城市、偏远且一无所有的山村在几年之内可以成为全球知名的旅游胜地吗？不要怀疑，因为真的有乡村做到了，它就是位于日本冈山的美星町。

美星町曾经是一个名不见经传的日本小村落，它与大阪的直线距离为184千米，从日本版图来看是极为偏远的小地方。美星町在入夜之后，街灯稀疏，长夜暗暗，用当地人的话来讲，这里除了满天星星什么都没有。而正是这样的话启发了村民：暗夜保护计划、天文台、民宿、星空公园……他们让美星町仅剩的"繁星"成为特色，将美星町打造成著名的观星旅游地。如今这个暗夜下的小乡村已经成为日本天文研究的重镇，被列为日本三大观星胜地之一，甚至成为世界知名的观星旅游目的地，每年吸引着上万名来自世界各地的观星者[1]。

美星町的振兴并非个例，位于葡萄牙南部阿连特茹省的阿尔克瓦（Alqueva），也同样依靠星空的振兴——从原本最贫穷的村镇变成了如今全球排名靠前的星空旅游胜地[2]，并荣获欧洲委员会颁发的可持续发展旅游奖，成为世界上第一个经过星光基金会认证的"星空旅游目的地"[3]。智利北部同样是全球数一数二的观星胜地，每年吸引大批"追星族"到此欣赏天文奇景。繁荣的观星旅游业带动了智利塞雷那—科金博地区（La Serena-Coquimbo）区域内乡镇的发展。该地区在1998—2018年间人口激增超过20万，2018年总人口已接近50万人[4]。

---

[1] 日本首相官邸网：《井原市地域再生计划 - 日本三选星空交流人口扩大项目》，chrome-extension：//oemmndcbldboiebfnladdacbdfmadadm，http://www.kantei.go.jp/jp/singi/tiiki/tiikisaisei/dai41nintei/plan/a427.pdf，2017年1月16日。

[2] 美国国家地理杂志官网：*World's Best Stargazing Sites*，https://www.nationalgeographic.com/travel/article/worlds-best-stargazing-sites，2016年11月5日。

[3] 星光国际计划官网：*Alqueva - The First Starlight Destination*，https://starlight2007.net/index_option_com_content_view_article_id_370_alqueva-the-first-starlight-destination_catid_59_news-features_itemid_79_lang_en.html，2012年1月13日。

[4] Macrotrends 联合国世界人口数据，https://www.macrotrends.net/cities/206161/la-serena-coquimbo/population。

由此可见，对于那些暗夜孤寂下的小小村庄来说，没落并不是它们的绝对命运。抬头仰望星空，从日本美星町到世界各地的暗夜乡村，更多的乡村正在获得来自星星的振兴力量。

一、什么样的乡村可以得到星空的振兴力量？

只要是远离大城市的乡村都可以成为观星之地吗？当然没那么简单。只能说，成功的观星地一定都是远离大城市、远离光污染的，但并非远离大城市的地方都是最适合观星的地方。因为衡量一个地方是否适合观星，核心在于它是否拥有优良的大气稳定度，即"视宁度"。视宁度（Seeing 或 Astronomical Seeing）是用于描述天文观测的目标受大气湍流的影响而看起来变得模糊和闪烁程度的物理量，取决于大气湍流活动程度。高海拔地区往往拥有良好的视宁度。

除视宁度外，大气透明度、较小而稳定的风速、合适的日照数也是重要标准。参考这些专业因素，我们大致可以归纳出以下几个区域特点，以满足观星的基本条件：

区位上：远离大城市或城市核心区，即远离城市的光污染。

海拔上：具有相对较高的海拔高度，云层相对稀薄且大气湍流更为稳定。

天气上：晴天多，作为理想的观星地，全年晴天数应占全年总天数的 60% 以上。

除此之外还应具有广阔的视野，而这点对于大多数的偏远乡村而言都是可以满足的。延绵的山丘之上、富饶的田地之间都可为观星者提供最佳的观星视野。

二、仅仅满足观星的基本条件就够了吗？

只要满足以上几个自然条件的乡村就能成功振兴吗？当然也没有那么简单。成为知名观星地的核心在于能够吸引人来，只有人来了，才能为乡村带来人气。只有人来得多了，乡村才会越来越有名气，才会吸引更多的观星爱好者，最终为乡村带来收益，实现乡村的振兴。那么为了吸引观星爱好者来到偏远的乡村，除要具备上面说的外在因素外，到底还可以做些什么呢？下面让我们看看要想获得来自星星的振兴力量所需要的六大锦囊：

锦囊一：实施灯光管理，创造更极致的观星环境

光污染对观星有着最直接的破坏，因此，保证一个绝对的暗夜乡村环境对于观星而言是极为重要的。世界上很多成功的观星胜地都对当地的灯光有着严格的管理和约束，如前文提到的日本美星町，经过一年多的反复酝酿，于1989年11月22日通过了日本第一个地方性防止光污染法规——《美星町光害防止条例》（简称《条例》）。该《条例》采取了一系列措施来保证一个绝佳的观星环境，例如要求美星町境内晚上10点以后，除必要的路灯、车灯等安全照明外，关闭其他所有的户外灯火，每家每户都要拉上窗帘以隔绝室内灯光[1]。

有着黄金级暗夜保护区之称的新西兰奥拉基麦肯齐（Aoraki Mackenzie）包含特卡波（Tekapo）、特威泽尔（Twizel）等多个村落。为了在保护星空的同时又不破坏当地居民的正常生活，当地政府对村落的户外照明设施进行了系统改造。不仅将户外灯具的遮盖装置统一改造为向下控光，同时还规定村镇内所有高压钠灯泡必须换为LED灯泡，以保证其在夜晚所发出的光线强度和角度都符合暗夜保护的要求[2]。经过这些灯光改造后，整个特卡波湖周边乡村的夜晚虽然有繁华的灯火，但是依然可以保持着纯净的暗夜天空。

锦囊二：提供特色住宿，打造更具吸引力的过夜体验

因为观星时间段的限制，多数观光者都会在当地留宿，因此对于乡村而言，重要且绝对必要的一个配套就是酒店住宿。而对于想要快速突围、快速吸

---

[1] 井原市政府例规集：《美星町光害防止条例》，https://ops-jg.d1-law.com/opensearch/SrJbF01/init?jctcd=8A8B8853F1&houcd=H416901010056&no=1&totalCount=2&fromJsp=SrMj，1989年11月22日。

[2] 麦肯齐区议会官网：Mackenzie District Plan, Section12, chrome-extension://oemmndcbldboiebfnladdacbdfmadadm, http://www.mackenzie.govt.nz/includes/download.ashx?ID=141632，2015年3月。

引观光客的乡村而言，提供有特色、有趣的住宿绝对是成功的不二法宝。这在众多暗夜旅游中也是颇为常见的。

在智利北部的艾尔奇山谷就有这样一家专门为观星者提供的观星酒店——艾尔奇多莫斯酒店（Elqui Domos）。它已经成为当地最火的人气磁极，游客至少需要提前半年进行预订才可入住。针对观星爱好者，艾尔奇多莫斯酒店将房间设计为360°圆顶结构，房间内有移动式的屋顶，还有玻璃屋顶的观星室。在这里，客人们只要躺在床上，透过玻璃屋顶，就能尽览漫天星空。而且酒店对各种细节也毫不放过，将每个房间用星象元素进行装饰。书架上还摆满了各类和天文星象有关的书籍：有专业的天文学教材，也有星座神话故事集，甚至还看得到日本星座漫画书等。同时，房间内还配备了一架专业的折反射式天文望远镜，使得每个房间都像一栋独立的"小天文馆"。除此之外，酒店还会定期举办天文学讲座，邀请业界的科学家为游客们进行专业的讲解。

艾尔奇多莫斯酒店还委托RDM建筑事务所为酒店做了全新设计。除在现有的基础上重新调整圆顶小屋的室内结构外，充满想象力的建筑师们还设计了全新的小木屋，这些小木屋都由当地的木材制成。建筑师们的设计理念是让它更具现代感，并让所有的客人，无论从私人阳台还是休息室，都可以享受到绝佳的天空视野。

艾尔奇多莫斯酒店一下子在全世界火了起来。越来越多的游客为了这家别具一格的酒店驱车前来。甚至更多的游客是因为这家酒店才知道了艾尔奇山谷。他们宁可驾车数百千米也要享受整晚与星星相伴的绝美体验。

其实，除酒店外，还可以有其他各式各样的住宿方式。作为最著名的国际暗黑天空保护区之一的纳米比亚，结合当地最古老的沙漠地质和广阔的非洲草原，开设了无数的野外房车营地。极致的观星条件为纳米比亚带来了数以万计的观星爱好者，每个村落及著名公园周边几乎都会针对这些游客设立帐篷和房车营地，而这种最野性、最自然的住宿也成为当地最受欢迎的住宿方式。

▲ 野外星空（图片来源：全景网）

锦囊三：提供专业设备，让观星之旅更高大上

观星旅游的受众非常广泛，上到专业的天文爱好者，下到普通的旅游大众。而真正能被称作观星地的一定是那些专业天文爱好者认可的地方。也只有先把小众的专业人群吸引来了，才能吸引更多的大众观光者，从而实现小众带动大众。

观测天体的重要设备是天文望远镜。可以毫不夸张地说，没有天文望远镜的诞生和发展，就没有现代天文学。因此对于观星地来说，只有配备了专业的设施设备才更能展现这里观星的专业性，展现对天文学的尊重与崇尚，从而吸引更多专业的天文爱好者。

世界上最著名的几大观星胜地旁都建有专业的天文观测站，如智利北部艾尔奇山谷内就设有10多座天文观测站，潘戈观星站（Pangue Observatory）就是其中之一。潘戈观星站（Pangue Observatory）的创建者们专门为天文爱好者配备了价值4.5万美元的专业望远镜，每晚都能吸引近百的爱好者前来[1]。

---

[1] BBC新闻网：《智利的天文旅游猛增》（Astrotourism skyrockets in Chile）。

▲ 吸引天文爱好者的专业天文望远镜（图片来源：全景网）

同样，在新西兰特卡波村庄附近，建有新西兰最大也最重要的观星天文台——约翰山天文台（Mount John University Observatory）。它坐落在海拔1 029米的约翰山上，拥有专业的天文望远镜，包括一个0.4米、两个0.6米、一个1.0米和一个1.8米的MOA望远镜[①]。

专业的观星设备固然是吸引观星专业人群的利器，但是专业观星毕竟曲高和寡，对于带动整个乡村的振兴来说显然是不够的。要想真正为乡村注入振兴之力，就必须发动星星对大众的影响力。这也就是下面我们所要说的——如何让星星成为大众人群的心头好，由此助力乡村振兴。

锦囊四：结合浪漫IP，成就来自星星的爱情圣地

对于大多数的普通旅游者来说，他们最注重的并非旅游地的专业性，而在于意义。对于他们而言，观星是一次不凡的体验，更是一段独特的记忆和留念，因此赋予观星美好的寓意对于观光者来说更具有吸引力。

---

① 坎特伯雷大学官网数据，https://www.canterbury.ac.nz/science/facilities/field-and-research-stations/mount-john-observatory/facilities/。

中国自古就有关于银河星空的美好传说，尤以牛郎织女的爱情故事最为著名。而世界其他国家的人们对于星空也都有着美好和浪漫的期许。曾经热播的韩国电视剧《来自星星的你》更是将星空与爱情紧密相连。将观星与爱情结合，打造星光下的浪漫 IP，是成就乡村振兴的助推器。

南半球的星空拥有特有的南十字星。为此，新西兰奥拉基麦肯齐地区的约翰山（Mt John）就以南十字星下见证爱情为特色，专门为情侣们提供星空下的合影服务，吸引了各国的情侣来此山盟海誓。日本的美星町也专门打造了爱情广场，为情侣们提供在星空下举办婚礼的浪漫场所。澳大利亚的乌鲁鲁（Uluru）则通过提供星空下浪漫的晚宴，造就了澳大利亚最具特色的"旅游盛宴"……这些成功的案例无不为星空赋予浪漫情愫，让观星变得意义不凡，由此为当地村落带来了大量追求浪漫的旅行者，拉动了当地的旅游经济。

锦囊五：结合星空摄影，为乡村观星打出知名度

来自星空的乡村振兴力量虽好，但是暗含着一个难题。一方面，正因为山高路远，所以才拥有美丽的星空；另一方面，如此山高路远，又如何能让人知晓呢？小小无名的乡村如何能出奇制胜，一炮而红呢？知名度是关键！而摄影绝对是提高知名度的最好帮手！

曾经默默无闻的澳大利亚维州小村镇锡莱克（Sea Lake）前几年突然火了起来，成为澳大利亚网红旅游胜地！其原因就在于一张绝美的星空拍摄照片。这张照片拍摄于夜晚小镇的湖畔，平静的湖面与满天繁星遥相呼应，构成了极为曼妙的星空世界。照片瞬间火爆网络，尤其在中国游客之间广为流传，中国游客的观光热情直接把这个默默无闻的小镇推上了各大新闻版面。接踵而至的观光游客给本来有些死气沉沉的小镇带来了商机，甚至还解救了一家濒临倒闭的酒吧。如今，这座维州小镇已经变成了墨尔本周边最热门的旅游地之一，不仅夜晚会吸引大量的观星者，白天还会吸引大量游客前来欣赏盐湖的景观。

相信你也一定被网络上或杂志上的星空摄影作品震撼过。当还未身临其境时，你可能就已经被这些图片震撼了心灵，内心中有无数的声音在告诉你："我

一定要去亲眼看看。"可谓一图胜过千言万语,星空图片就是对观星村落最有效、最具打动力的宣传。

锦囊六:打造丰富体验,营造全天候的度假享受

观星严格的时间性让乡村成为夜晚的旅游胜地,白天为何不让自己也同样热闹起来呢?虽然对于真正向往星空的观星者来说,夜晚美丽的星空已足以让他们有理由远离城市,但对于更为大众的旅行者来说,白天的吸引力也同样重要。打造丰富的娱乐体验不仅能够增加白天乡村的活力度,而且能让观星地更具有吸引力,从而形成"白天嗨度假,夜晚静观星"的旅游新体验。

上文提到的新西兰奥拉基麦肯齐地区的观星村镇——特卡波在星光旅游开发中不仅打造了星光旅游,还打造了温泉、滑雪、漂流及婚庆等众多旅游休闲消费活动,成为全天候都宜游的旅游目的地。

另外,有些观星地,如美国的自然桥国家公园(Natural Bridges National Monument)就专门为孩子们开设了天文见学活动。白天孩子们在专业管理人员的带领下观测太阳黑子的活动,傍晚则通过观星节(Astronomy Festival)进行知识分享,进而形成全天候的学习体验。这些方式都值得有志于通过观星旅游进行乡村振兴的村镇学习。

▲ 美国自然桥国家公园(图片来源:全景网)

由此可见，想真正通过星空实现乡村振兴，不仅需要"先天"的资质，而且需要"后天"的努力。如果说星空是那一点点星星之火，那么后天的人为力量一定是可以燎原的阵阵疾风。天生的资质固然重要，甚至有时候是绝对条件，但纵有天资，没有后天的努力，乡村同样可能无人问津。在星空振兴乡村的发展中，星光是天生的资源，而后天的努力就是做旅游的逻辑——要让乡村体现观星的专业性和配套的完善性，才能让乡村变得更有魅力。

三、我国的暗夜乡村在哪里？

我国幅员广大，地域辽阔，很多乡村都具备开展观星旅游的条件，到底哪里才是实现暗夜乡村的最佳之地呢？胡焕庸线巧妙地告诉了我们答案！

胡焕庸线即中国地理学家胡焕庸（1901—1998）在1935年提出的划分我国人口密度的对比线[①]，也是目前城镇化水平的分割线。这条线东侧的各省区市，绝大多数城镇化水平高于全国平均水平，而这条线西侧的各省区市，绝大多数低于全国平均水平。观察我国的夜景地图不难发现，这样一条反映我国人口密度分区的界线恰恰是一条城市灯光分界线，线的东南片区是我国受光污染较大的区域，而线的西北片区则可以为天文观星提供最佳的灯光环境。可以说，胡焕庸线为我国西北众多偏远乡村指明了一条得以振兴的"星光大道"。

西部是我国乃至世界都瞩目的暗夜胜地。那里人烟稀少，海拔较高，但正是这样相对恶劣的环境让那里的乡村深受星星的"垂爱"。而如今有越来越多的专业人士发现了西部的星空价值，我国第一个暗夜公园就在2014年成立于西藏的阿里地区。

由此可见，那些看似一无所有的乡村其实身后都有一个美丽广阔的浩瀚世界——星空，而这恰恰是那些拥有一切的大城市所没有的。暗夜下的乡村也可以拥有美丽不凡的振兴之路！

---

① 胡焕庸.《中国人口之分布——附统计表与密度图》,《地理学报》1935年第2期。

▲ "户外+"是助力乡村振兴的优秀抓手（图片来源：全景网）

日本水上町——游人又踏青山去，"户外+"助力乡村振兴

文 | 雷广琰

说到户外，很多人下意识的第一反应可能是"冲锋衣、登山包，欲与珠峰试比高；备好粮、加满油，开着越野进藏游"的专业户外运动，或者是系列电影《碟中谍》里主角徒手攀爬高峰的极限运动。这么来看，户外运动似乎和遍地都是的山村没有什么关系。但这个思路本身，急需更新——新的时代背景下，户外运动正具备全新的内涵，更能成为乡村振兴的可用抓手！

一、户外运动新风景，全民健康带动大众户外！

全民关注健康是国家正在提倡的大趋势——国务院《全民健身计划（2016—2020年）》中就提出："因时因地因需开展群众身边的健身活动，分层分类引导运动项目发展，丰富和完善全民健身活动体系。大力发展健身跑、健步走、骑行、登山、徒步、游泳、球类、广场舞等群众喜闻乐见的运动项目。"[①]

全民健康的大趋势下，到户外去，到自然中去，正成为新的全民运动热点。反过来说，户外运动也越来越趋向全民化：门槛降低变得越发亲民，不再是少数人的精英、极限运动，而是符合"全人群"的运动需求，能涵盖骑行、夜跑、城市周边徒步、近郊爬山之类的简单运动。正如国际金融报《户外运动成新兴产业》中提道的："如今户外的概念已经趋于大户外，不一定就是要去野地里露营、荒山上探险的这种，时尚休闲也是关键词，不少人选购户外用品只是觉得很时尚。随着社会的发展，更多的户外运动如垂钓、马拉松等会越来越受人们的喜欢。"[②] 户外运动的全民化就此展开。

在这样一个新的休闲时代，乡村振兴迎来了新的发展带动力——户外休闲。

[①] 中华人民共和国中央人民政府网：《国务院关于印发全民健身计划（2016—2020年）的通知》，http://www.gov.cn/zhengce/content/2016-06/23/content_5084564.htm，2016年6月23日。

[②] 国际金融报网：《户外运动成新兴产业》，http://www.ifnews.com/news.html?aid=8755，2015年5月5日。

二、绿水青山，水上町的"新户外故事"

这个新户外故事的主人公——日本水上町是一个再典型不过的"山村"。地处日本群马县西北角，背靠本州岛的巍峨山脉；利根川、赤谷川汇聚于此，湖泊群集，水系明了且蜿蜒；山林环绕，林木丰富，温泉点缀其间。这样一座得天独厚的山村，在大东京不断成长的时候，凭借户外这个抓手，保护了自己，也实现了发展。

1. 虽有绿水青山，但难抵大城市引力

自 1956 年确定"首都圈"规划理念并付诸实践以来，大东京高速发展和成型。新干线与高速公路成为连通乡镇和大东京的桥梁，也成为乡村空心化的"催命符"。1971 年，上越新干线开工，在水上町境内设立水上、汤桧曾、土合三个站点。新干线虽然让水上町和大城市的距离大幅度拉近，却导致了人口流失、农业缺乏劳动力，旅游业也难以为继，遭遇空心危机，濒临消亡。这种情况随着 1980 年前后上越新干线的通车变得越发严重；到了 1982 年，整个群马县的乡村数目已从市町村制度制定之初的 171 个下降到 30 个[①]，大部分是多村合一、重新命名才能以町为单位维持运转。水上町的人口也逐年下滑，1980 年的 2.8 万人口数是"二战"后以来的历史最低值[②]，大城市的超级吸附力席卷了整个水上町。

2. "户外+"，新思路带动旅游发展

面对空心化困局，水上町采取了"抱团作战"的思路——统一规划、步调一致，抵抗大城市的吸引力，留住本地特色。但选取的突破口却令很多人意外：以自然环境与户外运动为带动的"户外+"。

1990 年，水上町政府提出了"农村公园构想"：把整个水上町的乡村环境打造成广域的公园，将当地观光资源最大化，促进旅游和农业的相互融合，加快人口数量的增长，增加当地居民的收入和福利。而在这个构想中占据主导地

---

① 日本群马县政府官网文件，https://www.pref.gunma.jp/contents/000267857.pdf。
② 数据来源，维基百科。

位的正是大兴的"户外休闲"。换言之,背靠白砂山、古川岳、朝日岳、武尊山四座高山的水上町,选择了以户外功能为突破口。

如果只有户外本身,那就只是一个旅游故事,水上町的户外故事最难得的就在于——在规划与村镇开发中,以户外为抓手实现了自身发展的"加速度"。

3. 山村其貌不扬,就"玩刺激的"

山地、河谷本身是落后且难以开发的,但在水上町的精心策划下,摇身一变成为刺激的户外休闲目的地,并且各有各的精彩。

山地村落变身全季节宿营地。水上町的宝台树山区域就是其中的典型。这个区域以小山宝台树山为核心,南北两翼各有一个坡道,北侧非常适合滑雪;山顶则有较大的平地,适合打造营地。水上町准确把握住了这个机会,在这里打造了宝台树滑雪场&露营地(水上宝台樹スキー場/キャンプ場),冬季提供滑雪服务,夏季提供露营服务。在山顶打造的露营地,配备了帐篷、房车,可以容纳1 200人。这里夏季可以消暑露营①,还能滑草下坡;冬季摇身一变,又成为可以让全家一起滑雪的滑雪场。同时山顶的营地与南北两侧山脚的民宿之间也打通了道路,可以轻松到达。由此,宝台树山变成了"山上体验野趣、山下感受民宿"的功能复合组团。

▲ 利用山顶平地打造露营地(图片来源:全景网)

---

① 日本宝台树露营地官网:http://hodaigi-camp.jp/camp/guidance。

河谷区域成为水上冒险基地。新干线水上站周边，河流与山谷交错，形成了极其适合河谷激流探险的地形地貌。水上町以"水上 – 漂流（**みなかみラフティング**）"为核心，设计了一连串沿河谷展开的冒险空间，包括连通土合、大穴、水上三个点的 Max-Raft 基地（**MAX ベース**）群、"漂流与户外 -top 水上（**ラフティングとアウトドアの TOP 水上**）"运动营地，贯穿整个河谷地带，让原本人迹罕至的河谷变成适合全家快乐冒险的漂流圣地。

▲ 依托河谷区域打造水上漂流圣地（图片来源：全景网）

4. 从山村到乡村，有体验、更有精彩

水上町的户外资源只是区域的自然环境特色。作为古上越地带通往古江户（今东京）的必经之路和上杉谦信的出征之地，这里留存着丰富的文化遗产和传承工艺。想让被户外休闲吸引来的游客们尽可能久在此地停留，也不能只有户外资源。农村公园构想的另一个高明之处就在于：将村内各地域划分为若干

主题，围绕同一个主题进行一个片区的开发，激活乡村。

以水上町下属的原新治村区域为例。它以行政条例的形式通过了《守护美丽新治风景条例（美しい新治の風景を守り育てる条例）》，确保了每个主题地块不被随意开发，遵循统一调性与主题。传统工匠和手工艺汇集的"工匠之乡（たくみの里）"区域尤其明显：首先，整个片区统一外观风格，"桑蚕农家式样、田舍风、木造房、瓦屋顶"①「養蚕農家をモチーフとした田舎風、木造瓦葺き」；其次，对再开发进行财政补贴——"景观形成区域（景観形成地区）"内的所有建筑，房顶、外墙装修补贴三分之二的费用，新建、改建、增建补贴一半的费用；再次，以体验化功能盘活手工艺和人力资源——"木工之家""竹细工之家""陶艺之家""乡土味之家（魔芋烹饪体验）""秸秆艺术之家"是最开始的 5 所"工匠之家"，同时还建设了资料馆、街道设施、特产早市、免费停车场，既让游客方便前来、舒适体验，又让村民有钱可赚、有动力经营②。

5. 户外休闲易疲劳？温泉等着你

户外休闲固然刺激好玩，但最大的问题就在于"容易累"，这一点也在水上町的考虑范围内。水上町各地由于山地地貌和地质不同，拥有丰富的温泉资源，加之日本深厚的温泉沐浴文化，水上町将温泉也作为户外休闲的一环，把温泉的养生功能与户外休闲功能进行了完美的结合，形成了著名的水上町18 汤。其中日本最大的露天温泉——有四个泉眼的宝川温泉都是直接和山地、森林无缝对接，为来到这里的休闲家庭提供完美的户外温泉体验。同时，不同主题的温泉也加以细分和设计，让各温泉之间减小客源冲突，提升吸引力，共同形成水上町的户外温泉体系。

---

① 日本国土交通省观光厅网：https://www.mlit.go.jp/kankocho/shisaku/jinzai/charisma/mr_kawai.html，2010 年 4 月 12 日。

② 河合进：《新治村における景観形成への取組について》，http://soil.en.a.u-tokyo.ac.jp/jsidre/search/PDFs/04/04S02-05.pdf。

▲ 温泉也可以作为户外休闲的一环（图片来源：全景网）

6. "户外+"开路，绿水青山带来金山银山

如今的水上町包括日归游线和两天一夜游线，特色的旅游产品正在给乡村带来新的活力。2016年，"工匠之乡"的总游客数达到37万人，产品销售额达到6 700万日元[①]。水上町的乡村振兴成果也得到了日本政府的高度认可：日本农村开发规划委员会1989年授予水上町下属的新治村"美丽乡村开发优秀奖"；水上町土地开发公社理事长河合进也因在当地旅游开发与地域振兴方面的贡献，被日本国土交通省观光厅列为"观光魅力（観光カリスマ）政策"82个推荐样板之一。

水上町的"户外+"故事，对于国内的山村来说也有着很强的普适性。水上町在群马县乃至日本众多乡村的群芳争艳之中，只能算是"有点姿色的小美女"：这里所立足的资源，无非是身边俯拾即是的地形地貌；论坡道未必最惊

---

① 日本国首相官邸网：《地域再生計画》，http://www.kantei.go.jp/jp/singi/tiiki/tiikisaisei/dai47nintei/plan/a175.pdf。

奇，论河谷未必最幽深，论旧村也不是最古老。但就是这些资源，水上町成功抓住了市场新趋势，在"户外+"主题的包装之下，将自己打扮得魅力十足、光彩照人，这才是最大的借鉴意义！水上町这位"有点姿色的小美女"尚且如此，国内深在山中人未识的"大美女"和紧靠大都市的"小姑娘"们，又何愁不能让自己独树一帜，迎来振兴呢？

▲ 举步维艰的乡村振兴路（图片来源：全景网）

日本夕张——贫贱夫妻百事哀，不能忽略的现实困局

文 | 金 悦

乡村振兴不仅要看成功的案例，而且必须看到那些不成功的案例。很多乡村虽然能够成功脱贫，但是在振兴的道路上，还有很长的路要走。因此，深入分析国外乡村振兴中"走过的弯路"，有助于我们更全面地认识乡村振兴的难度，有助于我们真正做好全面乡村振兴。

这点我们可从日本夕张坎坷的复兴之路中窥见一二。

一、日本夕张，贫贱夫妻百事哀的振兴之路

日本夕张位于日本最北边的北海道岛，距北海道地区中心城市札幌60千米，是一片总面积约为763平方千米的广袤区域。夕张始建于1943年，主要依托大型煤炭企业"北炭"发展起来。然而随着20世纪80年代矿井的逐渐关闭，夕张赖以生存的煤矿经济逐渐崩塌。从1965年到1990年间，夕张几乎失去了所有的煤矿，人口以90%的速度惊人地减少，2019年更是减少至可怜的8 000多人①。2007年夕张宣布破产，成为日本首个宣布破产的地区，背负债款632亿日元②。

作为日本第一个遭遇破产厄运的地区，夕张也是日本众多乡村地区中具有典型性的一个。正如现任北海道知事原夕张市市长——铃木直道所说："有一天，日本将走上同一条道路，如果我们不能拯救夕张，那对日本来说意味着什么？"自2011年起，日本人口开始明显下降，近85%的自治市不断缩小，民间研究机构"日本创生会议"发布报告称，到2040年日本全国1 800个自治体（市区町村等各级地方政府）中的将近一半或因人口减少而面临消失③。可以说，夕张是日本探索乡村振兴的先行者，整个日本翘首以待。

---

① 日本经济新闻：《夕张市落入"重建团体"，成为地方政府苦难的象征》，（夕張市「再建団体」に転落、自治体受難の象徴に）。
② 夕张商会数据，http://yubaricci.sakura.ne.jp/revival.html。
③ 《人民日报》：《"超老龄化"重压日本社会》，http://world.people.com.cn/n/2015/0721/c1002-27334237.html，2015年7月21日。

1. 历经 30 年的垂死挣扎，以卖惨的"夕张夫妻"广告营销迎来一次转机

2007年，在历经了近30年的颓势之后，夕张终于从破产的泥潭中得到了一丝喘息。日本 Beacon 广告公司为夕张免费做了一次广告策划。针对夕张离婚率全日本最低、幸福指数最高的现状，提出了"Yubari, no money but love（夕张市，没有钱，但有爱）"的口号，并创作了一个名为"Yubari Fusai（夕张夫妻）"的可爱卡通人物（"Fusai"在日本有债务和配偶的意思）。先生叫"倒产"（倒闭的意思），太太叫"赤字"，夫妻俩带着哈密瓜帽，穿着补丁服，拉着板车，唱着"穷得只剩爱"。围绕"夕张夫妻"这一形象，夕张打造了一系列的周边产品，包括幸福夫妻证书、卡拉OK、以《爱的始发站》为主题曲的CD、T恤、包具等一系列商品[①]。

这种反套路的营销方式，一下子在日本引起了轰动，吸引了100多条的纸媒报道、超过100则网上媒体报道、30条电视新闻报道及53 100个博客转载。2009年，"夕张夫妻"的形象设计还获得戛纳国际广告节金狮奖，这使夕张市有了国际知名度。通过营销宣传，夕张宣称为快乐情侣或幸福夫妻的旅行目的地，2009年的旅游人数增长了10%，产生了3 100万美元的收入[②]。

2. 成功的机会只有一次，但对于夕张来说已经太晚

"夕张夫妻"形象宣传的成功毋庸置疑，但营销的胜利不等于乡村振兴的胜利。营销能带来一时的热度，但空有口号并不能招徕持续的人气。除上述提及的一些活动外，夕张再没有余力拨出资金针对幸福夫妻目的地这一特色持续发力，夕张的旅游人数在经历了2009年的回光返照之后依然逐年降低[③]。

如今，夕张仍然是破产乡村的代名词，在举步维艰中苟且生存。夕张每年要偿还26亿日元，但是税收每年不足8亿日元，只能通过工作人员的减薪和降低居民公共服务标准来减少开支[④]。回溯夕张前30年的振兴历程，我们可以发

---

① Advertimes：《从负债到恋爱夫妻》，https://www.advertimes.com/20120524/article68414/，2012年5月24日。
② MSL 官网：《夕张和他的妻子》，https://www.msljapan.jp/work/xizhangfuqi。
③ 日本国土观光厅网：https://www.mlit.go.jp/kankocho/siryou/toukei/irikomi.html。
④ 现代新书讲谈社：《夕张市倒塌十年后，"震惊后"年轻人离开了，税收增加了…》，https://gendai.ismedia.jp/articles/-/52287，2017年7月17日。

现，历史的错误积重难返。夕张自20世纪80年代以来为乡村振兴绞尽脑汁，其中两次大动作误入歧途，导致夕张在破产的道路上泥足深陷。

（1）以度假旅游求生，大投入引发财政赤字。

夕张对振兴的考虑并不算晚。自煤矿经济转型就已经开始，由工业转向工业旅游是众多资源依赖性地区选择的道路。20世纪80年代，在煤矿衰败时，夕张政府无视夕张寒冷的气候（年均气温低于6摄氏度），通过发行政府债券，花巨资打造煤矿文化旅游——建设了两个度假酒店、工业主题公园等大型项目，试图从度假旅游进行振兴①。时任市长田中哲治曾坚信高投入将带来高回报，但事与愿违，常年寒冷的气候对于发展观光游乐型项目有巨大的限制。随着20世纪90年代日本泡沫经济的到来，夕张的旅游市场快速萧条。由于建设项目依赖政府补贴过活，主题公园缺乏资金维护，很快失去了人气，于2006年宣告破产②。这个巨资投入的项目让夕张背上了沉重的债务。

▲ 重度少子高龄化的日本，乡村因失去人气走向没落是常态（图片来源：全景网）

---

① 澎湃新闻:《日本夕张：一座学着怎样死去的城市》，https://www.thepaper.cn/newsDetail_forward_1262390，2014年8月19日。

② 陈立雄.《夕张的破产和自救》，《财经周刊》2017年第47期，https://weekly.caixin.com/2017-12-02/101179381.html，2017年12月4日。

（2）以电影节庆再战，雷声大雨点小。

夕张曾是1977年山田洋次导演的电影《幸福的黄手帕》的拍摄地。该电影还获得了日本学院奖第一届最佳影片奖。这一直是夕张的骄傲。作为振兴经济的另一种举措，1990年，夕张打造了电影村，举办了夕张国际奇幻电影节。在夕张的街道上，几乎每个建筑都可见大型的电影海报；还打造了电影博物馆，为日本的电影经典作品提供独一无二的第一手资料。1990年，第一届奇幻电影节开幕，1993年请来了好莱坞著名导演昆汀·塔伦蒂诺。昆汀还通过他的电影《杀死比尔》中的角色 Gogo Yubari（栗山千明扮演）向该地区致敬。此后，还邀请过乔恩·沃伊特、安吉丽娜·朱莉等著名好莱坞影星[1]。

然而，由于夕张电影节更倾向于性爱与暴力的独立电影，终究只能是小众的狂欢。自2007年夕张破产后，受到经费限制，电影节再无实力邀请好莱坞明星，甚至需要依靠村民集资得以举办。此后，夕张电影节转向扶持新兴的预算较低的电影导演和制片人，更多成为一种市民的自娱自乐。这个节日依然在本地居民的坚持下一年一度举办，对于他们来说，这仅仅变成了一种文化骄傲的纪念仪式。

▲ 并非所有地区都能依靠电影产业成功转型（图片来源：全景网）

---

[1] 夕张国际奇幻电影节官网，https://yubarifanta.jp/。

经过这两次折腾，到 2007 年提出营销"夕张夫妻"时，夕张已经耗尽心力。营销只是前端工作，但是夕张已然没有资本再战一回，使得一个良好的开端最终烂尾。可以说，日本夕张真是应了中国的一句老话"贫贱夫妻百事哀"。我们必须意识到，乡村振兴并不是一场风花雪月的故事。乡村脆弱的资源与经济无法给乡村振兴提供无限"折腾"下去的可能性。

二、对于中国乡村振兴的启示

夕张的历程并不是个案。在中国，同样也有不少乡村在振兴中走过"弯路"——一腔热血却盲目建设，结果就是灰头土脸地收场，不仅造成了资源的巨大浪费，而且错失了良机。以夕张为鉴，我们必须意识到乡村振兴必须是精准振兴。

1. 对于贫困的乡村来说，机会只有一次，必须一击即中

对于一般乡村来说，可以动用的资源本身并不多，更没有那么多改弦更张的机会。因此，在振兴项目投入时必须慎之又慎，确保一击即中。夕张由于在衰败初期连错两步，而丧失了绝地反击的最佳时机。沉重的债务问题让夕张在求生线上苦苦挣扎。如今夕张已无力招揽更多人气，面对现实地着手建立了一个更紧凑的中心——以提高资源配置效率来减缓夕张的行政压力。可以说，如果内部的民生问题尚不能得到有效而长久的解决，那么开展的项目只能是空中楼阁。

2. 乡村振兴是一场红海之战，只有"处方药"没有"万灵丹"

从夕张的案例中，我们必须意识到乡村振兴并不轻松。日本自 20 世纪 70 年代以来一直在进行轰轰烈烈的造村运动，可谓奇招百出：有的依靠吉祥物发家致富，有的借着农业突出重围，也有的开展旅游赚得盆满钵满，不一而足。但是，我们可以发现没有一条道路是能够一招吃遍天下的，必须根据乡村自身条件寻找一条最适合的道路。

夕张以前失败的振兴手法，放在其他乡村未必不能成功。但是，由于夕张盲目跟随，没有充分考虑自身的实际情况，最终一败涂地。等到夕张最终摸索到自己可能的成功之路时，却已经无力回天了。

3. 做，才可能成功，不做就是死路一条

在乡村振兴中没有稳妥的成功，没有万能的招数，复制别人的道路具有极大的风险。想要做到乡村振兴的成功，就必须找出创新之路。坎坷如夕张，如今依然在尝试各种方法尽力求生。市政府设立了还债钟，时刻提醒还债剩余时间[1]。时任市长的铃木直道还专门写了一本书《不做，等于零》，讲述自己拯救夕张的历程[2]。

当下，党中央提出的全面乡村振兴战略，对于乡村来说无疑是振兴的新动力。我们需要看到日本夕张的案例，更为冷静和严谨地思考乡村振兴的复杂性，从而真正实现中国的乡村振兴。

---

[1] 夕张市政府官网，https://www.city.yubari.lg.jp/syakintokei/index.html。
[2] 讲谈社 BOOK 俱乐部：《不做，等于零》，https://bookclub.kodansha.co.jp/title?code=1000010266。

▲ 韩国釜山市甘川村（图片来源：全景网）

韩国甘川村，不一样的彩绘村——以上帝视角去刷墙

文 | 宋 杰

一、"来得快去得也快",从台湾地区彩绘村退烧讲起

彩绘村曾经一度成为我国台湾现象级的乡村旅游产品。自 2010 年台湾地区第一个彩绘村——"彩虹眷村"以横空出世的姿态"爆红"之后,彩绘村凭借低成本、低门槛、强热度的特点迅速席卷全台湾地区。像是抓住了振兴命运的救命稻草,许多资源贫乏的乡村纷纷开始刷漆。短短几年时间内,上百个乡村走上"刷墙涂色"的刷漆之路,甚至台湾地区每个县市都至少有一个彩绘村。

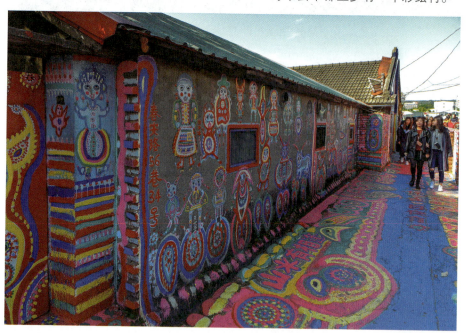

▲ 台湾彩虹眷村(华高莱斯 摄)

成也彩绘,败也彩绘。简单的刷墙涂色虽然极大地降低了参与门槛,但彩绘内容单调而同质的问题也愈演愈烈。紧接着就是"彩虹眷村"对游客的吸引力断崖式下降。在台湾地区嘉义县,布袋好美里 3D 彩绘村最初游客高达 27 万

多人，一年后游客数量便惨遭腰斩。[1] 在台南市，CNN（美国有线电视新闻网）专门报道过的台南市善化区胡家里彩绘村，不仅难觅游客踪影，甚至连当地村民都表示早已看腻了。

人无远虑，必有近忧。彩绘造村的热潮早已蔓延至中国大陆地区。当彩绘村仍为蜂拥而至的游客欣喜之时，我们必须冷静思考，这种"只能火一阵子"的快餐式彩绘村真的是乡村振兴需要的吗？答案不言自明。

四、"站得高，看得远"，持续成功的韩国甘川村

"不谋大势者，不足以谋一时"，选择什么彩绘主题，引入什么艺术家固然重要，但都只是"一时"，而不是"大势"。不站在乡村命运的高度制定清晰的发展路径，就无法避免过把瘾就死的结局。就彩绘做彩绘，只能得到一个快餐式的彩绘村。用不一样的彩绘发挥不一样的作用，才能打造出不一样的彩绘村。

韩国釜山市甘川村正是这样一个"不一样的彩绘村"。这里缺乏绝对的先天条件，作为因朝鲜战争难民安置而生的贫困山村，大量拥挤的破旧房屋顺着山势呈台阶式分布。2009年时，已有过半居民逃离此地，300座房屋遭到废弃，65岁以上的老人占到23%[2]。为了改变消亡的命运，甘川把彩绘作为振兴的手段。

然而，甘川没有盲目地绘制壁画，而是让彩绘服务自己的发展战略。2009年的"梦想中的马丘比丘"计划，将地形特色与斑斓色彩融合，成功打出名气；2010年的"美路迷路"计划，将错综复杂的街巷变身为文艺青年的打卡圣地；2012年的"幸福翻番"计划，招募艺术家入住旧屋，激活了乡风乡习。一步一个脚印，向着一个目标，站在"上帝视角"谋发展的甘川村获得了持续的成功，

---

[1] 林捷兴：《行走台湾：随处可见的彩绘村》，读特新闻，https://www.dutenews.com/p/116230.html。
[2] 秦榮燮（진영섭）：《甘川文化村的过去与今天》，韩国文化观光研究院，https://www.kcti.re.kr/webzine2/webzineView.action?issue_count=61&menu_seq=6&board_seq=1。

也印证了"站得高,看得远"这句老话。

这里是游客向往的童话梦乡,截止到2017年,甘川接待的旅游人数超过200万人①。这里是生活富足的美丽家园,仅村集体运营的9家企业,2016年就获得了约10亿韩元(600万元人民币)的收入。②

借鉴甘川的成功经验,我们将从以下三个方面进行探讨。

1. 向地形要颜值:上帝视角下的童话色彩

这是一个"看脸"的时代,好看就能当饭吃,颜值就是竞争力。然而色彩作为最抓眼球的"美颜秘方",价值却并没有真正被挖掘出来。彩绘村们在壁画主题上绞尽脑汁:你选择动物主题,我选择动漫主题;你展现涂鸦艺术,我展现3D错觉。殊不知"只见树木,不见森林",色彩的真正冲击力在于整体不在于局部。彩绘村不应该是无数面小壁画的合集,而应该是震撼人心的大尺度画面。只有引导游客从"上帝视角"欣赏整体,才能实现彩绘村的升级。

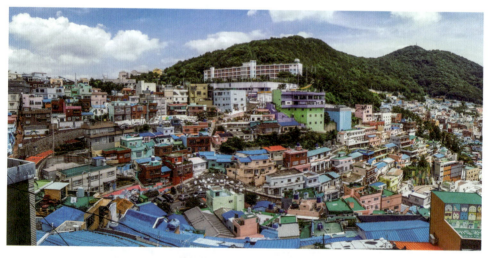

▲ 甘川村俯瞰(华高莱斯 摄)

---

① 釜山市下河区区厅官网:《甘川文化村游客突破200万人》,https://www.saha.go.kr/portal/bbs/view.do?mId=0301060000&bIdx=96823&ptIdx=24。

② 《文化日报》:《甘川村设立互帮互助的村集体组织,年均收入10亿元,提供多个就业岗位》,http://www.munhwa.com/news/view.html?no=2016100701031309038002。

为了展现画面的整体感，甘川村利用山顶处的民居屋顶打造"天空之脊"观景台，将地理上的制高点升级作为上帝观景点。乡村立面围绕观景台展开，由不同高度的建筑立面形成一个整体，使杂乱的建筑布局实现统一，视觉重心落在画面整体而非建筑细节上。依托观景台设置的摄影点更是吸引了游客排起长队——只为远眺甘川，将绚丽多彩的美景拍摄记录下来。

有了"上帝视角"，还要有童话色彩，冷暖搭配和强烈撞色是营造童话感的有力武器。为了实现冷暖色搭配，甘川村将屋顶平面与建筑立面区别对待。屋顶统一刷成蓝色和绿色，发挥冷色对情绪的镇静和压制作用，与远处的蔚蓝海面和谐共振，让游人沉浸。立面刷成色彩斑斓的色块，选取明度高、纯度低的暖色激起游客的情绪波动。这不仅遮盖了房屋本身的瑕疵，而且让建筑体量更显轻盈。

为了制造撞色效果，政府更给予业主充分的自主权，对立面的具体色彩不做干涉。在这种情况下，每个人都想让自己的房子与众不同，没有人想与邻居的颜色相同，从而使局部形成灵活多变的激烈撞色。冷暖色搭配加上强烈撞色让甘川村像撒落在画布上的一大袋彩色糖果，美得令人心醉。"韩国的圣托里尼""釜山的马丘比丘""乐高村"等展现甘川特色的绰号开始被游客响，从此声名远播。

2．为街巷引设计：有序又有趣的逛街体验

城市永远都是先有磁极后有容器。对于乡村振兴而言，不仅要有"磁极"，更必须下苦功夫打造"容器"。如果不能为游客提供"慢下来、走进去"的容器，消费与效益就无从谈起，只能当一个过路财神。如今的大多数彩绘村都面临着这样的困惑，来来往往的人群不少，除拍照留念外，为什么他们不深入村里逛逛呢？其实，不是游客不想逛，只是实在不好逛。迷宫般的小巷让人摸不着头脑，单调乏味的彩色壁画难以"诱客深入"。试问，游客怎么可能留得住？

"为街巷引设计"，就是要通过色彩艺术梳理出游线，让游客在错综复杂的街巷中逛得有序。自2009年起，甘川村大型色彩艺术装置的创作布置便以线性分布,"彩虹之村""蒲公英的悄悄话""人与鸟"等大型艺术装置以点串线,引导人流在主街集中。2012年更是在村口设置了具有象征意义的标志性雕塑,继续通过新的艺术装置延长线路,最终形成了一条游客必打卡的色彩艺术主街。

▲ 甘川村内的"彩色鱼"箭头路标(图片来源:全景网)

不仅如此,甘川村通过在胡同墙壁上制作"彩色鱼"箭头路标的形式,将蜿蜒的小巷与主街串联在一起。游客只要追寻着特色路标,随时都可以从主街转入小巷,探寻曲径通幽的蜿蜒之美,为沿途的各种小商店所惊喜。这种特色路标不仅防止了迷路,还营造了艺术氛围。色彩艺术在这里不再只是呆板的墙面壁画,而化身为各种各样的设计创意,可以是用废旧衣物做成的色彩花盆装饰,也可以是屋檐边的彩色小鸟雕像。这样的创意无疑让甘川村更加迷人。

3. "新乡民"带动"原乡民":持续发展的共生模式

如今,艺术家介入乡村已成为常态。以彩绘村为例,很多本就是艺术创作实践的副产品。但是,艺术创作如果缺乏与社区的深度融合,艺术家就极易陷入自娱自乐的陷阱之中,甚至对乡村产生破坏性的影响。彩绘造村的核心目的是振兴乡村,绝不是艺术创作的自由天堂。艺术家不应该是乡村的过客,艺术家更应该是乡村的居民。

以"新乡民"带动"原乡民",甘川村鼓励艺术家扎根社区,探索了一条可持续发展的共生之路。2013 年,甘川发出公告,募集艺术家及艺术团体入住甘川艺术村,只要交押金 50 万韩元(3 000 人民币,入住合同到期之后在确认设施无损之后返还押金)便可免费租用一间空置旧屋长达一年时间。艺术家的入住不仅为他们创造了工作岗位,也对原住乡民形成了极强的带动作用。①

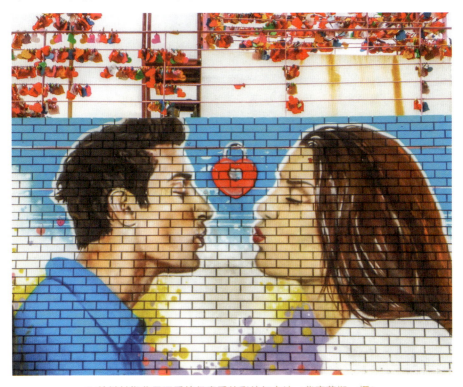

▲ 甘川村街巷里深受情侣喜爱的彩绘打卡地(华高莱斯 摄)

入住旧屋后,艺术家除进行艺术创作活动、开办展览和销售艺术作品外,还帮助原住乡民进行艺术技能提升。在艺术家的指导之下,很多曾经只能以捡

---

① 釜山女性新闻:《2013 甘川文化村入驻艺术家招募中》,http://wnews.or.kr/bbs/board.php?bo_table=nw06_01&wr_id=68。

垃圾为生的原住乡民也开始学习简单的手工技能,制作小工艺品售卖。另外,尊重原住乡民的意见并让他们融入艺术创作中,使得艺术家能够设计出符合本地特色的艺术作品,也加深了乡民们对社区建设的关心程度。艺术家与原住乡民的共生模式良性循环,激活了本地乡风,改善了乡民生活,间接对地区形成持续性管理,构建了彩绘村持续发展的稳定基石。

总之,甘川通过自身的努力成为韩国政府引以为豪的乡村振兴样本:不仅在"2013韩国政民合作优秀案例大会"中摘取"总统奖",还被联合国人居委员会授予"亚洲城市景观奖",成为釜山市的自豪。

反观中国大陆,彩绘村浪潮初起之时,一些乡村率先通过壁画成功吸引了游客前往观光。但是如今,蓝海早已变为红海。有时,一个城市周边同时有多达五个彩绘村集中出现。壁画绘制不可谓不精美,市场热度却难比以往。

在此背景之下,"拿来主义"早已过期失效,"创新思维"才能振兴乡村。所谓"以'上帝视角'去刷墙",是指不仅要站在地形的高度上欣赏景色,还要站在创新的角度发现问题。乡村千千万,各有大不同,只有时刻秉持创新的思维,站在创新的视角,才能打造出不一样的彩绘村,实现乡村的持续振兴!

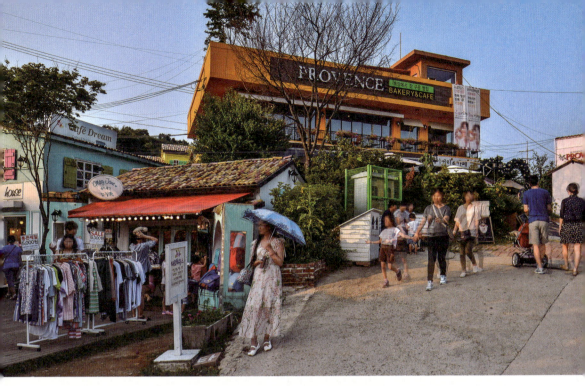

▲ 韩国　普罗旺斯村（华高莱斯　摄）

韩国普罗旺斯村——从"拦路打劫"到"坐地引财"看公路带动乡村致富3.0版本

文 | 金美灵　资深项目经理

一、韩国自由路上的乡村致富3.0样板

乡村振兴之路上,发展机会并不均匀。那些依傍着高速出口、国省道路的村镇无疑是诸多乡村中的幸运儿。它们守着城市间源源不断的财富交换动脉,做着"拦路打劫,收买路财"的"草莽英雄"。它们有的沿公路开个果园,再摆摊卖特产,这些村镇代表着公路带动乡村振兴的1.0版本;有的集聚了加油洗车、小型百货、简餐农家菜等,成为左OPPO右VIVO的村镇商业街,这些村镇实践着公路带动乡村振兴的2.0版本;做得再好点的,会在这基础上整体涂装一下形象,小百货变成超市,特产进店包装销售,打造成颇具特色的公路服务中心,通过风情的打造升级为2.5版本。

邻邦韩国的坡州市通贤面城洞东里,则通过打造一个清新童话一般的普罗旺斯村,为我们示范了公路带动乡村致富的3.0版本。

从首尔向北有一条赫赫有名的自由路:它从首尔起始,沿汉江和三八线南岸至京畿道坡州都罗展望台。这条贴着韩朝边境、路边围着铁丝网、看似危险万分的公路却神奇地酝酿了三大韩国有名的区域发展板块——自南向北分别是一山新城、坡州出版城,以及三大风情小镇组成的风情休闲旅游组团。

我们这里要说的普罗旺斯村,就位于自由路转省道360的匝道口,把持着坡州与首尔两大城市联系的交通节点,与黑里艺术村、英语村共同构建了风情小镇休闲组团。普罗旺斯村自1996年仅一家法式餐厅至今逐步发展成为由欧式格调餐饮、花园烤肉餐厅、生活创意设计、文化休憩空间等构成的童话感的南法风情小镇。通过普罗旺斯村的建设,这里实现了流入人口的持续增加,每年接待韩国国内乃至海外游客70万人次[1],在2016年年底更是被估值185.2亿韩

---

[1] 坡州市政府官网:《普罗旺斯小镇介绍》,https://tour.paju.go.kr/user/tour/place/BD_tourPlaceInfoView.do?menuCode=107&cntntsSn=2088&q_gubun=thema5。

币[①]，成为首尔大都会地区的都市微旅游名片之一。

下面，让我们来看一看这个由公路带动乡村致富的 3.0 版本究竟是如何利用公路实现乡村振兴的吧！

二、从"拦路打劫"到"坐地引财"

比起 1.0、2.0 版本，3.0 版本最主要的差别是普罗旺斯村不做"拦路打劫"的过路生意，而做"坐地引财"的目的地生意。从"我为道路服务"上升到"道路为我服务"的发展思路。"我为道路服务"时，倚仗的道路一旦出现改线、增加支线、能级降低等各类变动，就会极大地影响村镇的经济发展。可以说是与路"同生共死"。"道路为我服务"时，道路就变成了通往村镇的工具，是拓展村镇自身辐射范围的手段，村镇自身受到道路交通变动的影响自然也会相对较小，拥有更强大的内生发展动力。

▲ "道路为我服务"的"目的地"发展思维（华高莱斯　摄）

---

① 朴京勋：《"坡州普罗旺斯村"以 185 亿韩元成交》，《首尔经济日报》，https://www.sedaily.com/NewsVIew/1L1EY48O8I。

那么，在"坐地引财"的目的地思维指导下，普罗旺斯村具体是怎么做的呢？

1. 从"引发注意"到"引发向往"的风情打造

用风情来提升乡村魅力是大家都想得到的。毕竟打造风情能更好地吸引注意力，从而截留更多人。可在目的地思维下，仅仅引发注意是不够的，还要引发向往，用形象打造磁极。在韩国这个爱美成风的国家，不仅人脸可以整容变美，村庄的风貌也可以整成大众情人。可以说，韩国普罗旺斯村就是这么一个"靠脸吃饭"的村。细究起来，它既没有法国普罗旺斯最有名的大片薰衣草田，又没有法国普罗旺斯那些中世纪素雅恬静的建筑风貌，为什么它能这么成功呢？

首先，因为这是张选得最能引发韩国人的向往的"法兰西脸"。据韩国观光公社 2014 年发布的《2014 年全国出国旅行状况和 2015 年趋势展望调查报告》，在 2013 年、2014 年两次调研中，当不涉及经费和日程问题时，韩国人最想去的旅游目的地皆由法国蝉联（2013 年 37.4%，2014 年 33.4%，多项选择）。而 2~5 名的排序则发生了较大变化：2013 年为澳大利亚（35.7%）、美国（32.9%）、夏威夷（32.2%）和意大利（29.2%），2014 年为夏威夷（30.5%）、澳大利亚（30.2%）、美国（27.9%）和瑞士（26.1%）。考虑到经费和日程后的实际出行选择，旅游目的地是空间上更相近的中国香港、澳门地区（2013 年 36.1%，2014 年 33%）、中国大陆（2013 年 35%，2014 年 36.1%）和日本（2013 年 34.3%，2014 年 42.6%），法国甚至没有进入前十名[①]。

正所谓距离产生美，对法国的"求之不得"，让韩国人对长着"法兰西脸"的项目格外买账。这种需求也催生出了京畿道小法兰西、清道郡普罗旺斯、全罗南道 Meta 普罗旺斯等法式风情的主题游乐项目。普罗旺斯村这个从首尔出发一小时可达的法式风情邻家美人，自然而然地成为大众追捧的对象。

其次，长得像不如长得俏。与其像杭州广厦天都城那样整成与巴黎一模一

[①] 韩国观光公社官网：《2014 年全国出国旅行状况和 2015 年趋势展望调查报告》，http://kto.visitkorea.or.kr/kor/notice/data/report/org/board/view.kto?id=423117&instanceId=127。

样的"高仿女神",不如像普罗旺斯村一样,整容成休闲旅游者想象中最美的"梦中情人"。它提取了韩国人向往的南法风情元素,并浓墨重彩地砸在了这300亩规模的小村庄里——既有普罗旺斯处处花卉苗木的田园风情,又有南法渔村斑斓明媚的色彩,再用欧洲的童话感将之统一融合。建筑表面涂上粉红、天蓝、粉黄、薄荷绿等明度高、纯度低的马卡龙色,整体打造既明亮又清新的色彩。分布在村里各处的天使翅膀、爱情小屋、童话主题雕塑等景观装置,趣味的艺术壁画,让小镇充满了各类童话风的小小细节。这一切都将普罗旺斯村打造成了一个处处可美拍的美拍圣地,也让它成为《来自星星的你》、原版《跑男》(Running Man)等韩国大火电视剧、综艺的取景地。

▲ "刷"出来的法式风情(华高莱斯 摄)

2. 从当地"有啥卖啥"到游客"要啥卖啥"的业态构成

在"路过地"思维下,公路成为分销在地农副特产的渠道:路边摆摊卖特产,开小店卖餐饮,都是"有啥卖啥"。而"目的地"思维则要求"要啥卖啥",要迎合消费者需求,不仅要卖商品,更要卖服务、卖氛围、卖生活。那普罗旺斯村是怎么做的呢?

首先,引入浪漫的商业业态,卖浪漫。这不仅符合普罗旺斯村法式风情的浪漫感,更是迎合了韩国年轻人的约会文化。韩国的年轻人可能是世上最爱约会、最爱浪漫的一群人了。从《来自星星的你》《鬼怪》等爱情电视剧到《我们结婚了》《最佳爱情》等婚恋类型真人综艺,各式浪漫主题影视综艺都受到韩国年轻人的追捧与喜爱,乃至其中的浪漫情节也会引起年轻人的模仿,这也促进了浪漫商业业态的蓬勃发展。

清溪川、南山塔、梨花女大等韩国首尔有名的旅游休闲胜地,几乎处处都有供恋人约会的咖啡厅、面包店,各类法式、意式餐饮等餐饮店铺。普罗旺斯村共有29家店铺,其中餐饮9家、时尚14家、艺术生活3家、家居生活3家[①]。这其中有格调高雅的法国餐厅、网红的美食面包店、世界上美丽的烤肉花园餐厅、浪漫创意的设计生活馆、时尚服装家居店、欧式面包店、咖啡厅等,统一采用了可爱甜蜜的装修风格,空气里都是浪漫的味道,为情侣提供了极佳的约会环境与服务。

▲ 贩售浪漫的生活方式(华高莱斯 摄)

① 普罗旺斯村官网,https://provence.town。

其次，引入艺术与活动，卖生活。在普罗旺斯村，人们可以与艺术家一同制作工艺品，购买独一无二的手工艺小物件，与厨师学习制作面包，参与广场上的演出活动和跳蚤市场，在画廊看艺术展，在魔术剧场学魔术……这些为游客打造的可与恋人、家人一同参与体验的文化休闲活动，让消费者不再以一个游客的角度吃吃喝喝，参观游憩，而更像小镇居民一样去体验、去生活。多式多样的活动既延长了人们游玩的时间，又给了人们再次游玩的理由。

3. 从"大车店、小旅馆"到"灯光秀、度假屋"的夜色提升

"买路财"白天可以赚，晚上也一样要赚。极端点的，挖断道路强行留人过夜消费；普遍些的，简单开一些服务货车司机的大车店；好点的，开个小旅馆，提升一下品质。那"坐地引财"的普罗旺斯村是怎么留人夜宿的呢？

先用灯光"秀"出撩人夜色。普罗旺斯村从法国直接购买了照明设备和LED将整个村落装扮起来，每当入夜就会点亮灯光、照亮五颜六色的墙壁，变身成为另一番风味的童话王国。同时，每年冬天还会举办盛大的普罗旺斯星光节，用大型LED灯光秀给冬季的小镇打造缤纷的夜色吸引力。通过电影大片场景般的LED花海、卡通雕塑装置等，演绎《爱丽丝梦游仙境》《绿野仙踪》等美丽的童话故事。灯光秀还设置了韩国国内最大的灯光隧道，一经推出就成为年轻恋人表白约会的胜地。极致浪漫的灯光秀也吸引了《来自星星的你》剧组，在此取景拍摄了男女主定情时最浪漫的戏。随着电视剧在亚洲的热播，普罗旺斯村被推广成为韩流旅行目的地之一。

在此基础上，再用精品度假酒店提供高品质夜宿，把人留住无疑就水到渠成了。普罗旺斯村在靠近360省道处开设了一个名为阿尔贝罗桑托酒店的独栋式温泉主题精品度假酒店，不仅提供高品质的住宿服务，还拥有温泉SPA、休闲酒吧、露天烤肉架等度假设施。阿尔贝罗桑托酒店不仅成为普罗旺斯村全时全季接待游客的保障，更是成为首尔都市圈内小有名气的温泉度假磁极，与普罗旺斯村形成合力，共同吸引更多游客。

靠近交通节点，尤其是临近大都市的公路交通节点是村镇发展莫大的幸运。在今天村镇纷纷发展服务业、竞争逐步激烈的环境下，越来越多的村镇意识到：风情提升、功能复合才能更好地利用交通发展致富。但是具体要怎么做、做什么呢？是做洋到家还是土掉渣的特色风情？是开特产屋还是奥莱村？是点篝火还是开灯节？

韩国普罗旺斯村可借鉴的不仅是风情打造、功能整合、夜色经济，其核心还在于从"我为路所用"到"路为我所用"的思维转变——全面面向城市消费客群的诉求进行整合提升，浓墨重彩地塑造让人心向往的村镇生活。这才是3.0版本的公路带动乡村致富模式的真谛！

▲ "风头正劲"的网红袁家村(华高莱斯 摄)

中国袁家村——美食村的网红之路能否被复制?

文 | 李 丹

在乡村振兴领域，有这么一座"现象级网红"——袁家村！说起袁家村，可谓名利双收，无人不知，无人不晓。这位乡村网红不仅有"关中第一村""中国十大美丽乡村""全国乡村旅游示范村"、国家 4A 级旅游景区等众多荣誉光环加身，影响力比肩西安老牌网红景点兵马俑和回民街，从人气和身价上来看还是乡村旅游领域当之无愧的流量之王和吸金之王。2017 年十一黄金周期间游客日均超过 20 万人次，年接待游客 450 万人次以上，年营业额超过 10 亿元，赚得盆满钵满[①]！在让人眼红艳羡的同时，也让人好奇发问——袁家村的网红之路能否被复制？

如果将时间追溯至 40 多年前，大概不会有人想要问这个问题。20 世纪 70 年代以前的袁家村还是一个籍籍无名的关中贫瘠村：既没有叫得响的名胜古迹，没有独特的山水资源。这里"地无三尺平，砂石到处见""耕地无牛，点灯没油"，是其他人唯恐避之不及的对象，更不用说去模仿。这样一穷二白的背景，倒是更凸显出袁家村成名的励志。其他原本发展水平类似的乡村觉得"他行，我为什么不行？"，于是，东施效颦者层出不穷。据陕西省旅游局统计，全省模仿袁家村的有七八十家，蒲城重泉古城、何仙坊、茯茶镇、周至水街等项目相继上马[②]。但热闹的背后，除了马嵬驿等极少数成功突围者，绝大部分旅游村都经营惨淡，垂死挣扎之际只能不甘心地再次发问：袁家村，到底能不能被复制？

当然可以！在深度剖析了袁家村的励志逆袭故事之后，我们找到了袁家村的网红成功秘诀。找准四个要诀，分分钟钟就能复制袁家村的网红命！

[①] 综合以下信息：华商头条：《十一袁家村人气爆棚，游客日均超 20 万》，https://www.huashangtop.com/html/16/642242.html?69823309；巅峰智业：《游客 450 万+、收入 3.2 亿+，9 月 14—17 日启程探秘袁家村日赚斗金背后的故事！》，https://www.davost.com/news/detail/4584-f1e706a66d.html。

[②] 方塘智库：《解码袁家村》，http://www.ftzhiku.com/content/1498136617。

要诀1：捆绑流量大咖——抱大城市的"大腿"，蹭大城市的"热度"

在网红成名之前，和流量大咖花式捆绑、蹭热搜是提升知名度和存在感的快捷方式。而要想复制袁家村的成名之路，首先要学习它的"捆绑大咖"策略。

袁家村位于陕西省礼泉县烟霞镇，距离西安78千米，到西安市区仅仅一个小时的车程。在袁家村4千米外就是著名的唐昭陵（唐太宗李世民陵墓）。袁家村没有选择和唐昭陵打包营销，而是将眼光瞄准了70千米外的大都市——西安，充分发挥地缘优势借机上位！捆绑了西安，就等于捆绑了千万人口量级的旅游客源市场，捆绑了每年1.5亿人次的庞大旅游人群，捆绑了一个超级流量经济体。[1]

捆绑并非想当然就能实现，也是有条件的。对于城市居民来说，乡村旅游目的地必须足够近，便于随时开展一场说走就走的旅行；同时又不能太近，生活和风情要与城市相区隔，形成一定的"异境感"。仅仅这个门槛，就让大多数想要发展旅游的乡村在首轮被筛选出局。而袁家村的区位正好处于大城市的环城游憩带（ReBAM）上。环城游憩带是距离市区1~2小时车程的带状区域，也是城市居民环城休闲旅游的最理想距离[2]。正是得益于将这种"似近非近"的区位优势进行充分放大，打造大都市周边的短途旅游目的地，袁家村才能成功地从大西安的巨大旅游流量中分一杯羹。

要诀2：魅力人设吸粉——抓住城里人的"胃"，就抓住了城里人的"心"

有了大咖铺路就够了吗？自身魅力才是能不能红的关键因素。而这就需要"人设"的加持。"人设"越鲜明、越接地气的网红，越能让人感到真实与亲近。是吃货还是天仙？是深情咖还是搞笑咖？选对了"人设"，走红就是迟早的事。

---

[1] 西安市统计局官网，http://tjj.xa.gov.cn/tjnj/2017/zk/indexch.htm。
[2] 吴必虎：《区域旅游规划的理论与方法》，北京大学博士后研究工作报告，1998年12月。

对于缺乏强势资源依托的乡村，要想发展旅游，个性化的"人设标签"就显得尤为重要。

▲ 抓住游客的胃就等于抓住了游客的心（华高莱斯　摄）

袁家村在"人设"设置上，并没有延续唐昭陵的历史文化气质，将自己包装成一枚"文艺咖"；反倒是机智地选择了将"吃"作为第一主题和核心磁极，吸引了众多吃货，从而一举成名。事实上，美食早已成为大都市市民愿意去乡村旅游的原动力：盱眙小龙虾、北京怀柔虹鳟鱼等，都以特色美食扬名。可以说，乡村旅游，谁能抓住城里人的胃，谁就能抓住城里人的心。

袁家村的吃，绝不是章鱼小丸子、烤冷面、烤鱿鱼这种在每个城市步行商业街或旅游景区商业街中都能找到的大众货；也不是只有一两种主要为拍照而不为吃的"网红料理"；而是充分挖掘当地美食，将吃进行极致化演绎，让游客吃出不一样、吃出老滋味、吃出好趣味，最大化地塑造自身的核心吸引力。

1. 从吃得有限到吃出一部美食大百科

袁家村的吃,首先把握的原则就是因地制宜。结合关中出身背景,袁家村就地取材,广泛搜罗地道的关中美食,将自身打造成为一个舌尖上的关中民俗美食博物馆。袁家村的小吃文化街汇聚了100多种不重样的各色关中美食,皆由袁家村村委会慎重筛选而出,既包括凉皮、粉汤羊血、驴蹄子面、生氽丸子汤、biangbiang面、饸饹、臊子面等经典关中美食,也有油糕、涮锅油饼、酸辣粉、捞凉粉、蜂蜜粽子、豆腐脑、搅团、肉夹馍、醪糟等特色关中小吃,让游客真正做到"一日吃遍关中美食"①。袁家村还规定每家店只卖一种食物,一百个商户就出现了一百种吃法。游客在一饱口福的同时,不免遗憾无法一次吃完所有美食,因此重游率较高。

2. 从吃得普通到吃出一种原真好味道

城市居民远赴乡村,为的就是吃到地道的乡村味道。为了最大限度保证美食的原汁原味,袁家村从食材到做法都下了很多功夫。

一方面,通过地产地销保证食材的纯天然。对于调味品、酸奶、油、面粉等关键食材,袁家村建立了自营的作坊合作社,统一供货和调配,各商铺不得私自外采,否则就会被取消经营资格。其余特色食材,由各家店主自行向附近村民收购,且当天收购当天使用,以保证新鲜度。

另一方面,通过传统工艺保证做法的原生态。村民都按照传统工艺制作,面粉是用小麦磨出来的,豆腐是用黄豆一步一步做出来的,未加入任何化学添加剂;制作食物的灶台、风箱、铁皮烧水壶也都是农村特有的器具,让游客真正吃出地道的乡村滋味。

3. 从吃得无趣到吃出一场花式美食秀

如果仅有吃,吸引力是远远不足以支撑起一个旅游项目的。袁家村的美食魅力来自它选取了关中美食。关中美食以面食为主打,而面粉具备其他食

---

① 农学谷商学院:《解密:袁家村、马嵬驿年赚10亿,火爆背后的商业模式!》,https://mp.weixin.qq.com/s/d3CTWdBOvgWIfGwrt4Wxng。

物所不具备的弹性和超强可塑性，可以做出千变万化的造型和花样。在面食制作过程中的拉、抻、压、晾等特色工艺具备极强的观赏性。礼泉烙面、驴蹄子面、biangbiang面、饸饹、裤带面、臊子面等每一种关中面食的制作过程都是一种极具艺术性和趣味化的表演，让游客不仅一饱口福，还能一饱眼福。以饸饹为例：饸饹是将豌豆面、莜麦面或其他杂豆面和软，用饸饹床子把面通过圆眼压出来，形成小圆条状面。人坐在饸饹床上的木柄上使劲压，将饸饹面直接压入烧沸的锅内，可谓"银丝出漏长"，成为袁家村的一道风景线。

▲ 袁家村的特色美食都采用了原汁原味的传统工艺（华高莱斯　摄）

要诀3：优质平台聚粉——用"小街巷"聚"大人气"

对于乡村旅游，在魅力"人设"吸粉之后，要用什么样的空间来承载远道而来的粉丝们？很多乡村复制袁家村，只模仿了它的一条街，却未看出其中的门道——这是一条收紧的街巷！正如著名的丹麦建筑师扬·盖尔在《交往与空间》中所说的那样："有人来是因为有人来，没人来是因为没人来。"[①] 只有收紧了的街巷，才能制造出熙熙攘攘的感觉，营造出乡村的"人气感"，从而以人引人，进一步吸引更多的"路人缘"。袁家村在街巷打造上主要坚持了以下三个原则。

1. 要"窄门小户"，不要"宽街大巷"！

商业街宜窄不宜宽，袁家村收紧了街巷的宽度，优化了游客的逛街体验。这是因为街道的面宽和沿街建筑的高度关系能够直接影响到游客的视觉效果与心理感受。对于步行街而言，街道的高宽比 H/D 值在 1～2 时，对人来说是感觉最舒适、最亲切的。当 H/D 值小于 1 时，街道过宽，围合感降低，不利于人气的聚拢；当 H/D 值大于 2 时，则街道会过窄，让人产生压迫和拥挤之感。因此，袁家村将小吃文化街沿街建筑与街巷的比例设置适宜，虽然略窄但让街道的气氛显得更为熙攘热闹。

2. 要"短小精悍"，不要"又臭又长"！

商业街宜短不宜长，袁家村收缩了街巷的长度，打造了小巧宜人的精致街区。对于逛街的人来说，商业街太长，容易让人望而生畏，产生逃离感；商业街太短，又让人意犹未尽，逛得不甚尽兴。实际上，消费者最爱的商业街是"用脚投票"选出来的。综合来看，世界上最好逛的街，短至 100 米或 200 米，中取 500～700 米最为适宜，长则以 1 500 米左右为上限。这个区间内游客的消费舒适度是最高的，购物欲也是最强烈的。袁家村的小吃街不长，两边店铺林立，作坊鳞次栉比，为游客边走边逛、边逛边吃提供了最舒适的尺度。后期新建的回民街等也牢牢把握此项原则，长度不到 300 米。

3. 要"拐弯抹角"，不要"直来直去"！

袁家村在街巷的界面上进行了趣味化的处理。根据外部空间模数理论，商业街宜弯不宜直，每隔 20～25 米对建筑临街界面进行处理是最为合适的[②]。

---

① ［丹麦］扬·盖尔.《交往与空间》，何人可，译. 中国建筑工业出版社 2002 年版，第 77—83 页。
② ［日］芦原义信.《外部空间设计》，尹培桐，译. 中国建筑工业出版社 1985 年版，第 33 页。

中国人常说"曲径通幽",一眼看到头的街道总归是让人觉得无趣、缺少惊喜的。而每隔一段距离就在临街建筑上增加一些错落变化,不仅能大大提升游客兴致,还能很好地控制游客走一走、停一停、买一买的节奏。

袁家村的小吃文化街和作坊文化街就以蜿蜒曲折的形态,吊足了游客的胃口。沿街商铺或进或退,檐口时高时低,游客穿梭在这样的巷弄中,流连忘返,竟不知道这里到底有多大,也不知道下一站会遇见什么有意思的小店,这里处处充满了探索的新鲜感。

▲ 袁家村的街道肌理(华高莱斯 摄)

要诀4:靠谱推手带路——跟紧"一个能人",带动"一群小兵"

成功的网红幕后总有一个神秘推手。有的出钱出力,有的出团队出创意,事无巨细一一操办。他们眼光毒辣,经验丰富,对热点风向有着敏锐的嗅觉,能将一个素人快速包装并推向市场。乡村要振兴,也同样需要一个专业的能人推手，对乡村人力、物力资源进行统一包装、调动，最终实现乡村网红的闪亮登场。否则任由村民小打小闹，极易形成各自为战、恶性竞争的局面，乡村发展将不可持续。袁家村就是依托一个强有力的领军人物，将村民紧紧团结在一起，拧成一股绳，形成合力促成了发展。这一点是复制袁家村网红之路的最后一步，也是最难的一步。

1. 一个能人：自上而下的强势管理

中国传统乡镇的发展本质上是"能人带动"战略，即见过世面的本地能人或地方官员或新乡贤，凭着自己的眼光带领乡村发展。袁家村有今天的骄人成绩，离不开带头人郭占武的领军作用。郭占武是袁家村党支部书记，也是袁家村关中印象体验地的创始人和设计者。

郭书记带领下的村委会首先做到统一村民思想，坚守集体经济，让全村所有人都心往一处想、劲往一处使。其次通过统一运营和管理，形成袁家村的统一品牌。郭书记不仅对袁家村风貌进行了统一改造，还进行了统一定位，创新地建立了"袁家村——关中印象体验地"品牌，使得袁家村对外传播形成了统一口径。同时，免租金、免门票的运营模式很好地解决了袁家村运营前期的人气问题。

2. 一群小兵：自下而上的主体调动

郭书记认为：农村的事谁来做？绝对不是专家，绝对不是县长、市长、省长，是农民自己。为了充分调动农民参与的积极性，郭书记提出"全民皆兵"的概念，强化农民的共同体意识，通过机制创新从根本上盘活农民。

分组自治，动员全民参与。在管理上，袁家村村委会充分调动村民参与，将商户按照经营品类、所处位置分成了若干组，每组设立经营组长。由组长负责统一管理卫生、品质、产品特色等，并设立动态打分和淘汰机制。另外，郭书记充分抓住了乡村治理的中国民间特性，通过特有的"发誓文化"让村民用自身人格为食物做担保。在小吃街商家门口，总能看到各式醒目的招牌，上面写着每一锅汤有哪些料，原材料来自哪家。且有店主的个人信誉承诺："店主发誓承诺，如果羊血掺假，甘愿祸及子孙。""店主重誓承诺，如果做不到以上几点，甘愿后辈远离仕途坠入乞门。""如果做不到以上几点，甘愿后辈丧态失德不为人知。"……对于中国人来说，以"发誓"来约束村民行为、加强村民自律意识，将食品质量安全问题转变为乡村公约，可以说是极具本土特色、行之有效的管理办法，也在袁家村和消费者之间建立了一种良好的信任关系。

▲ 食品安全的誓言承诺挂在店面显眼位置（华高莱斯　摄）

利益捆绑，实现共同富裕。袁家村在关键的招商运营管理模式上，不向商铺收取地租，而是采用从商户的收入中分成的方式。为了解决贫富差距问题，袁家村探索出全民股份制的模式，积极推动酸奶作坊、醋坊、油坊、豆腐坊、辣椒坊等作坊改制股份合作社，均由村委会下属公司经营。村民私人参股，形成"你中有我、我中有你、人人努力、互相监督"的机制,使得商家与商家共成长,不管谁家生意做得好,都等于自己在赚钱,即使是不懂经营的村民也因入股分红而搭上了共同富裕的快车。通过利益捆绑,袁家村有效解决了各种利益冲突,减少了许多恶性竞争。

在"一个能人"和"一群小兵"的双双发力下,袁家村的村集体经济积累从2007年的1 700万元增长到2016年的20亿元,增长了近12倍,村民人均纯收入76 000元,纷纷走上了致富路[1]。村民们的凝聚力和地方认同感非常强,全身心投入乡村旅游的事业中。

袁家村能被复制吗?读到这里,答案已显而易见。学会了袁家村与大城市的花式捆绑术,经营好"美食家"人设,建好聚人的小街巷,找到有魄力的领路人,你也可以成为下一个袁家村!除复制袁家村的"形"外,中国的乡村更应该学习的是袁家村的"神"。

从一个平平无奇的乡村"素人"到今日的"现象级网红",袁家村的励志成名史中最大的闪光点是怀抱对自我的清晰认知,因势利导地进行在地创新的精神,这在乡村振兴愈显浮躁的当下尤其难能可贵。未来,我们不仅希望看到普通乡村因模仿袁家村而实现崛起的案例,而且希望看到越来越多的乡村通过敢想敢为敢创新,闯出一条适合自己的振兴之路,在中国大地上异军突起,并成为他人争相模仿复制的对象!

---

[1] 中国农业新闻网—农民日报:《袁家村的新集体经济发展之路》,http://www.farmer.com.cn/2017/11/17/99578085.html。

▲ 著名印象派大师莫奈在吉维尼小镇的故居（图片来源：全景网）

法国吉维尼——"如果能重来，我要选莫奈"

文 | 吴晓璇　高级项目经理

当今时代是一个名人纷纷"崛起"的时代，也是一个名人被普遍消费的时代。流行歌曲《李白》因一句"要是能重来，我要选李白"而大受追捧。火爆全国的手游《王者荣耀》更是以那些我们熟悉的名人为卖点，将其塑造成为玩家想象不到的另一种形象，而人气火爆。

然而，当名人在消费界如此流行的时候，众多拥有名人的乡村却依然在沉寂。它们手里有着"名人"这张好牌，却还是打不出一个"王炸"来，最多保留了一些孤零零的故居。事实证明，有名并不能解决让人常来常往的问题，仅靠着名人故居是赚不来钱的。有些故居虽然保存较为完善，但收费高且特色不够突出，尚未成为旅游磁极；有些名人故居更是游人寥寥，亟待维修整饬；更有些名人旧居，有名气但无人气。总之，中国还有很多这种手中握有"名人好牌"的村庄，但它们还有很长的振兴之路要走。

为什么会出现这种两极现象？你可以先问自己两个问题：对于一个名人故居，你一生会去几次？也许就一次！即使它在大城市周边，你也可能甚至一次都没去过，因为总觉得还有机会。即使是去名人故居，你一次会停留多久？两三个小时足矣！可以说，当下中国的很多名人故居对于大众而言，并无太大的吸引力。与之相对应的是，乡村对于名人资源的挖掘普遍存在"仅保留故居就够了"的认知误区，名人没有真正得到有效利用。

要想让名人犹如歌曲中的"李白"及《王者荣耀》中的各位名人一样，重新被人们青睐，并以此带动乡村振兴，必须打破认知误区。要做到即使有"金字招牌"也要精打细作，这样才能真正吸引人。至于如何实现"名人"的精打细作，我们可以看看法国著名印象派大师莫奈所在的乡村——吉维尼（法语：Giverny）的振兴记。

一、吉维尼：从平凡乡村到艺术圣地的华丽转身

吉维尼位于法国诺曼底大区厄尔省与巴黎大区西边界的交界处，距巴黎仅仅80千米，不到1.5小时车程，是一个总面积仅仅6.46平方千米、人口500多人的小村庄[①]。而吉维尼真正为世人所知，则是因为印象派大师莫奈。1883年，莫奈在火车上无意中发现了吉维尼，并对它一见钟情，由此和全家人一起搬到这里，在此度过了他的后半生。印象派强调对光线变化的精准描绘，在户外捕捉大自然变化的瞬间。由此，吉维尼村中的美景便成为莫奈的灵感源泉。他在这里创作出了《睡莲》（法语：Les Nymphéas）、《干草堆》（法语：Les Meules）等众多世界名画，成就了一代画派。吉维尼随之成为印象派的发源地之一。

莫奈去世后，他的故居成为吉维尼闻名世界的名片。但如果只是一般的故居打造路数，吉维尼也许就和中国的大多数故居一样，要么没人来，要么有人来看一下就走了。它不可能像现在这样，在一天就能往返的前提下，每年吸引60万左右的旅游人口，并从此端上了"金饭碗"[②]。那它是如何做到"如果能重来，我要选莫奈"这样的成功呢？

二、吉维尼的成功秘诀：打破固有思维！

吉维尼的成功秘诀在于打破固有思维，以创新的方式对名人资源进行了全新演绎，让名人成为乡村振兴的最佳武器。

打破固有思维1：打造故居？不！营造名人的生活气息！

我们所熟知的名人故居一般就是有几间展室、几个柜子和几张展板，稍微有钱一点的地方可能会再建一个名人纪念馆，这就算名人故居的全部了。难道所有的名人故居都是这样的枯燥无味？其实不然。吉维尼的特别之处就在于通

[①] 数据来源：维基百科。
[②] 数据来源：维基百科。

过生活场景复原，营造出无处不在的莫奈生活气息，让人们感觉到不是去参观名人故居而是去拜访一位大师。

其实，随着时间的流逝，和大多数故居的命运一样，莫奈故居早已变得破旧不堪——楼梯倒塌、地板和天花板腐烂、窗户玻璃只剩下碎片。但吉维尼选择的修复方式不是简单地设置几张展板，而是按照莫奈当时的生活原貌进行复原：莫奈别墅由粉红色的粗灰泥砌成，一层是莫奈的蓝色客厅和画室，由原来的家具和莫奈私人公寓中的家具重新修复构建而成。莫奈的60多件作品被筛选出来制作成复制品，挂在工作室的隔墙上[1]。淡黄色的餐厅内还原了当时莫奈的生活摆设，并在墙上挂满了莫奈收藏的日本版画。二层是恢复原状的莫奈卧室，墙上同样悬挂着与其同代的印象派画家的绘画复制品……这些陈设的还原将莫奈故居塑造成大师刚刚出门的样子，让人们有身临其境的感觉，仿佛大师还生活在这里。

▲ 吉维尼莫奈故居内保留完好的餐厅（图片来源：全景网）

---

[1] 克劳德·莫奈基金会：《莫奈的房子》，https://fondation-monet.com/giverny/la-maison-de-monet/。

在重现大师之家的同时,吉维尼还对莫奈亲手打造的莫奈花园进行了原样修复。为了达到极致化的效果,部分区域采用了反写生的打造手法(所谓反写生,是与"写生"相对的,就是根据已有的画作在生活中复制出真实的场景)。修复后的莫奈花园是以莫奈作品中的花园景色为蓝本进行还原的,人们在这里可以亲身感受眼前所见的池水、垂柳和睡莲是如何在大师的笔下化作了一片变幻的光影与色彩。

打破固有思维2:故居是唯一卖点?不!利用名人实现全域消费延展!

对于一般乡村来说,故居就是名人的唯一卖点。然而单个故居的带动力有限,无法形成强磁极,为乡村凝聚足够的人气。吉维尼的特别之处还在于以全息化的打造方式,将名人进行消费延展,告诉我们名人还可以这样玩。所谓"全息化"的打造方式,就是充分挖掘在地名人特色,实现名人主题的全域化延展,让人们处处可感知、处处可体验。

▲ 吉维尼小镇入口处的莫奈主街(图片来源:全景网)

吉维尼的名人全息化从进入小镇之前就已经开始。通过与法国国家铁路公司合作，吉维尼专门打造了一列从巴黎开往吉维尼的印象派小火车，以重现当年莫奈乘坐火车发现吉维尼的场景。火车内外装饰着莫奈等印象派艺术家的画作复制品，营造出浓郁的艺术氛围，让游客未游先知，对神秘的吉维尼更加期待。小镇入口处则是一条以莫奈命名的主街，让游客一下火车就能感受到扑面而来的莫奈气息。在这条主街上，你会发现取名于莫奈作品《睡莲》的睡莲餐厅（法语：LES NYMPHÉAS）。餐厅专门推出"莫奈套餐"，让人们在逛完故居后可以品尝莫奈时代的特色菜，延长游客的停留时间。对于来吉维尼的人来说，离开之前带点莫奈特色纪念品同样必不可少。在吉维尼，随处都有根据莫奈配方制作的"大师"饼干，以及主打莫奈生活特色的"艺术护肤品"，包括肥皂、身体霜等，让人们将"莫奈记忆"带回家。通过花式玩转名人，吉维尼让村里村外处处都有大师的痕迹，营造出原汁原味的莫奈生活体验，从而带动全村旅游业的发展。

打破固有思维3：只包装名人？不！将田野与名人捆绑，展示大师眼中的心灵原乡！

中国现在的名人故居大多只是让游人参观，跟在地的关系不太大——仿佛名人的故居放在另一个城市的另一个乡村也还会是这个样子。吉维尼的高明之处就在于，充分利用莫奈因本地风景而来的特点，把名人和田野紧密地捆绑在一起，向人们展示名人眼中的原乡风貌，营造出"唯有此地，方出大师"的感受。

打造"一日大师"体验，重走大师走过的路。充满活力的自然风景和随风而动的起伏的田野，为村庄赋予了灵魂，更为莫奈和其他艺术家提供了源源不断的灵感。吉维尼将自身引以为傲的田园风貌保留了下来，并专门打造了一条以村庄市政厅为起点的印象漫步道。这条漫步道沿途多为草地和平坦小径，仅仅有一小段上坡路。艺术爱好者在这里可以欣赏到莫奈、西奥多·罗宾逊（Theodore Robinson，1852—1896，美国印象派风景画家）、威廉·布莱尔·布鲁斯（William Blair Bruce，1859—1906，加拿大印象派艺术家）等众多艺术家画过的塞纳河谷和吉维尼村庄的真实美景。此外，吉维尼还利用众多绘画工作坊开设绘画体验课程，为成人和儿童提供实地临摹大师作品的机会，让他们体验成为"一日大师"的乐趣。

▲ 游客在莫奈花园实景临摹大师作品（图片来源：全景网）

通过名人与田野的捆绑营销，吉维尼成为全世界艺术爱好者的朝圣地。大批的法国及美国画家纷纷来到吉维尼定居或寻找创作灵感，至今吉维尼已吸引了100多位艺术家和15家艺术画廊在这里聚集，从而衍生出新的艺术产业，带动了乡村产业的振兴[①]。

是的，对于法国吉维尼而言，小村庄已经因莫奈而兴盛起来。如果吉维尼会唱歌，她一定会唱出"如果能重来，我要选莫奈"。而对于国内的许多亟待

[①] 《吉维尼的莫奈：在花园中，在工作室中》，https://www.artistsnetwork.com/art-history/monet-giverny-garden-studio/。

振兴的名人村落来说,只有真正将"名人"与区域特色捆绑起来,让名人真正为村庄"活"起来,才有可能在乡镇振兴的发展中,自豪地唱出"要是能重来,我要选李白"这种新时代的名人之歌。

▲ 看草莓农庄如何变身活力亲子乐园（图片来源：全景网）

德国卡尔斯草莓农庄——一颗红色草莓的农业真经

文 | 沈依依

一、一颗源自德国的红色草莓教你玩转第六产业

1. 知易行难：发展第六产业的道理很简单，但乡村振兴并不简单

一提及乡村振兴、农业转型，不少人脑子里跳出来的普遍思路就是以农业为基础打造一二三产业融合。那么什么是一二三产业融合呢？这指的是以农村居民为核心，以农村现存的有形、无形资源作为基础，将农作物和土特产（第一产业）与制作、加工（第二产业），以及流通、销售、文化、体验、观光等服务（第三产业）相结合，创造出新附加价值的活动[①]。

在日本，一二三产业融合又被称为第六产业，其内涵可进一步表现为6=1+2+3（产业结构）=1×2×3（产业利润），核心在于"一体化"和"融合"[②]。生产、加工、流通、销售的一体化使得在产地增加农产品附加值成为现实，也使得农业从业者与不同产业、不同领域(如食品加工业、旅游业、高科技产业)开展合作成为现实。

但是，第六产业在我国很多乡村表现为一级农产品的初级加工、简陋的农家乐采摘一日游、柴火饭店等多种经济形态。这种"小打小闹"并没有为乡村发展取得实质性的改变。没有品牌，人气不足，季节性强……诸多问题仍然困扰着千万乡村。所谓知易行难，一二三产业联动发展的道理很简单，真正实践起来却没有那么简单。

2. 卡尔斯草莓农庄：德国草莓的百年探索，写就三产融合的"真经"

那么一二三产联动的第六产业到底该如何玩转呢？就像来自德国的马克思

---

① 国家发展改革委宏观院和农经司课题组.《推进我国农村一二三产业融合发展问题研究》，《经济研究参考》2016 年第 4 期。

② 《"第六产业"带动农业的增值飞跃》，《新农业》2017 年第 10 期。

主义为中国带来了"革命真经"一样，来自德国的红色草莓的三产融合模式同样对中国乡村的经济转型具有借鉴价值。

卡尔斯（Karls）草莓农庄是德国的一个百年的家族品牌，集一产（草莓种植）、二产（草莓延伸品加工）与三产（农庄旅游）于一身，完成了一二三产业的完美结合。在德国境内已经陆续开办了5家大规模的草莓主题农庄，每天每间卡尔斯草莓农庄人流量达10 000人，总部更是可以达到1.5万人，每人平均消费15欧元[①]。除农庄外，还开办了4家大型草莓衍生产品超市，以及遍布德国的超300家草莓小屋[②]。

卡尔斯草莓农庄这颗草莓大IP可谓德国农业领域的一颗红色巨星。其已经发展成为波罗的海沿岸大型连锁体验型草莓农庄，同时也是德国乃至欧洲经营最成功的家庭、儿童体验式主题乐园之一，更被称为欧洲人自己的"迪士尼"[③]。

二、这颗红色草莓的成功秘诀是什么呢？

1. 用一产突围封锁圈：通过生产全德国最好的草莓从诸多乡村中杀出重围

农业是乡村经济的立根之本。在我国，众多乡村在经济转型中往往过度倚重二三产的较高利润，从而忽略了一产种植的重要性。它们万万想不到，卡尔斯草莓农庄正是利用它专注种植了百年的高品质草莓从德国诸多的偏远乡村中脱颖而出，让全德国人都知道了最好的草莓来源于北部的卡尔斯草莓农庄。草莓小屋、超市里摆放的那一筐筐整齐排列如红宝石般的草莓让人看了就口水直流。咬下去之后那种满嘴草莓汁的甜蜜感，更是卡尔斯草莓农庄吸引人们的原动力。

---

① 搜狐网：《草莓帝国——德国版的"田园综合体"》，https://m.sohu.com/a/160919690_99952138，2017年7月29日。

② 搜狐网：《草莓帝国——德国版的"田园综合体"》，https://m.sohu.com/a/160919690_99952138，2017年7月29日。

③ 搜狐网：《一个草莓农场，为何能被称为欧洲版"迪士尼"？》，https://www.sohu.com/a/206245243_100006091，2017年11月23日。

▲ 新鲜采摘的草莓（图片来源：全景网）

卡尔斯草莓农庄从诞生到现在一直专注生产最好的草莓，从未改变过其初衷。从 20 世纪为知名的百年食品公司——施瓦涛尔工厂（Schwartauer Werke）提供草莓原料到现在的自产自销的全产业链模式，草莓种植一直是卡尔斯的重心之一。卡尔斯草莓农庄第三代经营者罗伯特和姐姐乌瑞克从出生起就听着披头士的歌曲《永远的草莓地》长大。出于经营者对草莓的热爱和种植技术的进步，目前卡尔斯总部拥有约 300 公顷草莓种植园，每年都能达到 5 000 吨的产量，成为全德国最大的草莓生产商[1]。

有了高品质的草莓做背书，卡尔斯遵循的第一要务就是把住口——严守热门的交通要道，把草莓送出去。卡尔斯草莓农庄在 1989 年与施瓦涛尔工厂的合同终止以后，开始了自产自销的全新道路。1993 年，卡尔斯草莓农庄选取了一条德国北部的国道 105，在沿线开设了最早的草莓小屋。国道 105 是一条通向德国北边波罗的海的交通要道，过往的游客众多。卡尔斯草莓农庄正是紧抓住这一旅游

---

[1] 德国网站 Brandeins 数据，*Disneyland mit Erdbeeren - Wer steckt eigentlich hinter Karls Erdbeerhof?*，https://www.brandeins.de/magazine/brand-eins-wirtschaftsmagazin/2015/marketing/der-apple-unter-den-erdbeeren。

客群，沿线售卖农庄种植的草莓及当地的农业特产香肠、蛋糕等等，完成第一轮资金积累。也正是因为把住了这一主要交通要道，卡尔斯草莓农庄逐渐发展成为德国最大的农贸市场之一[①]，最终沿国道105呈现出星星之火可以燎原之势。

发展至今，卡尔斯草莓农庄自产自销模式已经日益成熟，不仅通过自己的农场超市、草莓屋出售，也供应给全德国各个超市售卖，让最新鲜、最美味的高品质草莓成为卡尔斯草莓农庄的第一代言人。

每年5—10月草莓鲜果采摘时，在德国北部的300多个草莓屋，全部售卖鲜果和它们自产的草莓系列产品，每天收益可达3万欧元[②]。当天鲜果卖不完，则回收本部做果酱，仅仅这300个草莓屋5个月可以销售400多万欧元的草莓鲜果及产品[③]。

2．用三产扩大根据地：打造几乎免费的草莓乐园品牌将人引到农庄来

近些年，在北京、上海这种大都市周边陆续有很多地方开始了乡村旅游的探索，农场农庄、特色餐饮、手作民艺、亲子见学、客栈民宿、有机农业、生鲜电商等多重元素均有所出现。但是很多地方也存在着景观零散度高、体验内容过于单一、业态设计粗糙等诸多问题，难以打造出一个高品质的乡村品牌。

卡尔斯草莓农庄在成就了德国最大的草莓供应商这一品牌之后，开始思考向其他领域拓展。直到2001年才逐步提供现有的草莓相关的餐饮、酒店、主题乐园等旅游类的三产服务[④]。在这个过程中卡尔斯草莓农庄组建了专门的旅游公司——卡尔斯旅行有限责任公司（Karls Tourismus GmbH）负责这一领域的深度挖掘[⑤]。

---

① 德国网站Brandeins数据，*Disneyland mit Erdbeeren - Wer steckt eigentlich hinter Karls Erdbeerhof?*，https://www.brandeins.de/magazine/brand-eins-wirtschaftsmagazin/2015/marketing/der-apple-unter-den-erdbeeren。

② 搜狐网：《用一颗草莓每年吸引4、5百万游客，开了5家主题乐园、4家超市、300个草莓小屋》，https://www.sohu.com/a/334433499_609425，2019年8月17日。

③ 搜狐网：《用一颗草莓每年吸引4、5百万游客，开了5家主题乐园、4家超市、300个草莓小屋》，https://www.sohu.com/a/334433499_609425，2019年8月17日。

④ 德国网站Brandeins数据，*Disneyland mit Erdbeeren - Wer steckt eigentlich hinter Karls Erdbeerhof?*，https://www.brandeins.de/magazine/brand-eins-wirtschaftsmagazin/2015/marketing/der-apple-unter-den-erdbeeren。

⑤ 德国网站Brandeins数据，*Disneyland mit Erdbeeren - Wer steckt eigentlich hinter Karls Erdbeerhof?*，https://www.brandeins.de/magazine/brand-eins-wirtschaftsmagazin/2015/marketing/der-apple-unter-den-erdbeeren。

首先定位精准，瞄准亲子家庭，逐渐发展出餐厅、游乐园、酒店等多种业态，打造了一个草莓"迪士尼"，并且全年开放。正是凭借着新鲜的草莓和几乎免费的娱乐设施吸引住了儿童，留住了周边家庭，使农庄本身成为一种磁极，让更多的消费在这里产生。同时也在本地创造了更多的就业机会，让卡尔斯草莓农庄的总部根据地不断扩大。

其中不只有草莓采摘等传统的农业体验项目，卡尔斯的专业设计师团队还兢兢业业地将德国工业的优势发挥到极致，自己研发了一系列亲子游具和游乐项目，而且在不断研发新玩具、新项目、新玩法。小朋友在这里可以骑小马、看天鹅，和城市里看不到的小动物们亲密接触；还可以坐滑梯、蹦气球、骑马、坐过山车、玩海盗船、乘坐无人驾驶的汽车等。最重要的是，这些游乐设施几乎是免费的！只有少许需要定期维护的设施使用需要收取少许费用，现在还推出了日票和年票，在规定的时间段内可以无限制地进行机动游戏。

▲ 草莓配色的缤纷主题乐园（图片来源：全景网）

除打造儿童的专属游乐空间外，这里也为大人设计了一系列草莓主题相关的餐饮服务。俗话说，"民以食为天"，抓住了游客的胃，才能抓住他们的心。

卡尔斯草莓农庄的餐饮区提供各种便宜又好吃的小食品。食品制作间采取玻璃工坊的模式，游客可以一眼看到整个食品的制作过程，吃得更放心。

不仅让你在这儿吃，还要让你带走吃。农庄里专门开设了以草莓为主题的超市专区，售卖各种关于草莓味道的食物。最吸引游客的是它的制作区，包括香肠制作区、巧克力制作区、咖啡及果酱制作区等，可以让游客自己体验草莓糖果、草莓果酱、草莓巧克力等初级产品的制作过程。超市和餐饮占地40 000平方米，占农场比重并不大，但是餐饮和超市是农场的主要收入来源，其中餐饮占收入的60%，超市占40%[①]。

为了进一步将游客留住，卡尔斯草莓农庄小范围尝试了酒店住宿（仅仅在总部运营）。分为三种主题房间，主要包括离农庄700米远的一片小型度假村，只有18栋木屋和1个冰窖酒店位于园内[②]。不仅如此，针对更为多元的客群，卡尔斯目前也开始提供独特的场所让游客举办独特的活动，如婚礼、生日聚会、圣诞趴、公司团建活动等。

通过这些多种类、成体系的三产服务，卡尔斯草莓农庄总部不断扩大，游客量逐步上升。至今，草莓农庄占地达8公顷，每年吸引人数可达到130万人，产生了巨大的经济效益[③]。

3．用二产包围城市：最终以草莓的延伸产品全面入侵城市

在三产的推动下，农庄总部很快形成了一定规模，在德国北部的偏远乡村中创造了高人气奇迹，但是奇迹远不止于此。此后，卡尔斯的草莓IP全面进驻城市：在城市的街道、超市、球场等各个角落都可见卡尔斯草莓的身影，可谓完成了从"偏居一隅"到"全面霸屏"的华丽转身。凭借的正是它数以千计的草莓衍生品。

[①] 搜狐网：《用一颗草莓每年吸引4、5百万游客，开了5家主题乐园、4家超市、300个草莓小屋》，https://www.sohu.com/a/334433499_609425，2019年8月17日。

[②] 搜狐网：《堪比迪士尼的休闲农庄——卡尔斯草莓农庄》，https://www.sohu.com/a/148687750_693803，2017年6月13日。

[③] 搜狐网：《用一颗草莓每年吸引4、5百万游客，开了5家主题乐园、4家超市、300个草莓小屋》，https://www.sohu.com/a/334433499_609425，2019年8月17日。

可以说，卡尔斯草莓农庄最让人难忘的除了新鲜草莓，还有丰富的草莓衍生品。草莓衍生品并不仅仅是我们能够想到的草莓果酱那么简单。卡尔斯草莓农庄在农庄形成规模以后，于 2014 年开始研发草莓的衍生产品，并且成立了专门负责草莓衍生品市场的公司——卡尔斯市场无限责任公司（Karls Markt Ohg），负责草莓产品的深加工，进一步延长产业链，迈开向城市进发的步伐[1]。

卡尔斯超市被誉为乡村版的"沃尔玛"[2]，在这里你几乎可以找到日常生活中所需要的所有物品，让人眼花缭乱。仅是关于草莓的饮品就让人数不胜数，包括葡萄酒、高度数酒、果啤、饮料类、果汁类等。而对于啤酒大国德国，单单果啤就已经让人不知选谁是好……更别提那些糖果等小食品了，硬糖、软糖、棉花糖、泡泡糖、棒棒糖、冰淇淋、面包、咖啡……种类繁多，形状各异。很多果茶、小吃、食品都含有草莓的元素，咖啡经过再加工也有草莓味的。这里还会售卖一些橄榄油、各种用于抹面包的酱类和自制的各种味道的香肠。更令人震惊的是，护手霜、杯子、家具、连环画、衣服、鞋子等衍生品都能在这里看到。

卡尔斯不仅有琳琅满目的产品，还能提供专门私人定制的甜蜜礼物。只有你想不到的产品，没有卡尔斯草莓农庄做不出来的产品。卡尔斯在官方网站上写道："最好的礼物是自制的。不幸的是，有时缺乏工艺，有时缺乏时间。我们很乐意提供帮助。"[3] 卡尔斯的创意工作坊为每一个顾客制作各种手工独立作品，并根据大家的意愿进行调整。从木制儿童座椅上放置个性化的陶瓷商品和独立的雕刻杯子到可爱的玩偶娃娃，每一样都能超出大家的想象。

同时，卡尔斯也创立了网上商城。在卡尔斯的网上商城，让人 24 小时舒适地浏览和购物。每一个人可以随时随地买到卡尔斯的产品，享受到卡尔斯的高品质服务。

---

[1] 德国网站 Brandeins 数据，*Disneyland mit Erdbeeren - Wer steckt eigentlich hinter Karls Erdbeerhof?*，https://www.brandeins.de/magazine/brand-eins-wirtschaftsmagazin/2015/marketing/der-apple-unter-den-erdbeeren。

[2] 搜狐网：《一个草莓园，竟成长为全球最成功的体验农庄之一》，https://www.sohu.com/a/124827430_116150，2017 年 1 月 20 日。

[3] 德国卡尔斯庄园官网数据，https://karls.de。

▲ 琳琅满目的水果口味糖果（图片来源：全景网）

三、可复制、可引入的六产真经

卡尔斯草莓农庄的每一阶段都专注做好一件事。从"专注一产，打出农产品牌"到"利用三产，壮大农庄影响力"，最终凭借种类繁多的高品质深加工产品享誉德国，卡尔斯可谓缓慢地、稳健地实现了从一产到三产的完美结合。从2001年在罗斯托克市（Rostock）附近的卡尔斯总部开始转型引入旅游等三产功能，到2012年在齐尔科（Zirkow）开创第二个草莓主题乐园，中间一共间隔了将近11年[①]。可见，卡尔斯在发展过程中并不急于扩展，而是认真探索，清楚模式以后再进行复制。所以乡村振兴并不是一个一蹴而就的工程，需要我们认真总结、仔细摸索，从而一步步完善。

事实证明卡尔斯这一整套农庄运营的成熟模式是成功的，经受住了来自市场和消费者的考验。2014年陆续在沃尔斯多夫（Warnsdorf）、柏林周边开办了第三

---

① 德国卡尔斯庄园官网数据，https://karls.de。

个、第四个主题农场①。2016年，第五个草莓农庄也相继在德国东北角的科瑟罗（Koserow）开幕②。目前，卡尔斯也已正式涉足中国。以杭州作为它的第一站，派出了极为专业的农庄运营顾问团队，为中国的乡村经济转型送来了来自卡尔斯草莓农庄的第一手革命经验。为什么选择杭州作为卡尔斯投资的第一站？虽然处于长三角城市群中的杭州拥有着优越的都市圈消费人群及良好的投资环境等重要的因素，但是德国卡尔斯总部负责人托森先生强调是杭州优质的自然环境吸引着他们③。

其实这也并不难理解，卡尔斯草莓农庄除了娱乐、购物等，其根本依旧是以农业种植为核心，对于自然环境一向有着高标准的把控。因此，近邻大都市的乡村，要想得到像德国卡尔斯草莓农庄这样优秀农业运营品牌的青睐，优良的自然环境条件依然是极为重要的第一保障。

对于那些大都市周边的乡村，自然可以直接寻求来自德国卡尔斯草莓农庄这样的"革命导师"的真传，那么对于其他广大地区的乡村，又该如何搞好农业一二三产业融合发展呢？

其实，中国革命史已经告诉了我们答案，要把德国的马克思主义与中国革命的实际相结合！革命如此，农业三产融合的"真经"同样如此。虽然不能引种德国草莓，但是根据本地特点强化自身农业产品的品质，依然可以形成良好的一产发展；虽然没有德国设计团队进行草莓的多种衍生产品设计，但是聘请国内专家将农产品精心设计向二产延伸，依然是做好融合发展的道理；虽然不能像德国卡尔斯草莓农庄一样建设出类似迪士尼的草莓主题乐园，但是巧花心思做出既体现本地特色又被消费者喜闻乐见的休闲设施，同样能够保证三产融合的成功！

总之，德国卡尔斯草莓农庄为我们送来了一二三产业融合发展的真经，但是成功探寻出一条具有中国国情的乡村转型之路，才是中国乡村实现振兴的颠扑不破的真理！

---

① 德国卡尔斯庄园官网数据，https://karls.de。
② 德国卡尔斯庄园官网数据，https://karls.de。
③ 搜狐网：《重磅！中国首个欧洲著名乐园将在杭州建成！堪比迪士尼！！》，https://m.sohu.com/a/118857998_349191，2016年11月13日。

▲ 大块头水果（图片来源：全景网）

澳大利亚金吉拉，大块头有大智慧——看"大块头"水果乡村如何振兴

文 | 寇盼芸　资深项目经理

现在真是一个"颜值当道"的社会啊！

娱乐界颜值至上尚可理解，现在就连水果界，竟然也是樱桃、草莓这种"天生丽质"的水果率先脱颖而出，从只能"看天吃饭"的农业纷纷走向了"名利双收"的三产融合。

哎！可是水果类型千千万万，除小巧玲珑、高颜值的"草莓"外，世界上还有更多的水果如西瓜、哈密瓜、菠萝、椰子等，却正深陷在"肥胖"的烦恼中。尤其对于水果采摘和水果旅游，游客花钱买的与其说是水果本身，不如说是收获的愉悦感，在这方面"草莓"简直具有碾压性的优势：

第一，"草莓"果实小，采摘时能够让游客在短时间内多次重复获得这种愉悦感，令人欲罢不能；第二，果红叶绿，十分好看，尤其是放到采摘篮子里时更加诱人；第三，这类水果即时能吃，游客在动手采摘的同时还能尝一尝鲜，满足口腹之欲，一举多得；第四，相比上树摘"高高在上"的椰子等，摘草莓的安全性要高很多，如此低风险既能令大部分人接受，又能重复进行，十分适合旅游体验。

▲ 颇受欢迎的小型水果采摘（图片来源：全景网）

相比之下，西瓜这些"大块头"就有些"样样不行"了：采摘时让人没吃几口就饱了，而且颜值一般，游客很难拾起重新采摘和品尝的兴趣；即使有人旅游时肯费力气地采摘完，却大多因为背不动而带不走，终究徒劳无功。因此，"大块头"发展农业尚算可以，但看着各地此起彼伏的"水果采摘""水果旅游"只能望果兴叹了。

难道真的是这样吗？难道在当前的休闲经济时代，这些"大块头"水果地区只能发展农业，而分不到一杯新经济的羹吗？其实不然。远在南半球澳大利亚的金吉拉（Chinchilla）小镇，正是这样一个"大块头"水果地区，却成功借力水果旅游振兴区域经济，为全球"大块头"水果地区的崛起提供了优秀范例。

金吉拉是位于澳大利亚昆士兰州西原区的一个普普通通的小镇。小镇很小，人口仅 6 602 人[①]，而且"出身不好"——澳大利亚最具前途的区域基本沿海分布，而金吉拉小镇却不幸偏安于"内陆"区域。金吉拉距离最近的海岸足有 250 千米，距离最近的大都市布里斯班有 300 千米！这样的"孤岛"区域发展旅游的难度可想而知。不仅如此，金吉拉自身的旅游资源也是乏善可陈：它是一个典型的农业镇，唯一能拿得出手的就是西瓜，一直被誉为"澳大利亚的西瓜之都"（Melon Capital of Australia），但主要是因为西瓜种植，金吉拉的西瓜产量每年约占整个澳大利亚西瓜总产量的 25%[②]。

自身发展旅游的"先天不足"，再加上澳大利亚水果旅游的遍地开花和激烈竞争，如此境遇下，无名小镇金吉拉并没有受制于西瓜本身的"大块头"而一蹶不振，反倒意外地成功脱颖而出，晋升为世界级水果旅游地。2009 年，金吉拉的西瓜旅游获得澳大利亚昆士兰区域的旅游事件成就奖，因为西瓜节，6 600 人的金吉拉小镇每年旅游旺季接待的游客数量高达 20 000 人[③]，成为水果旅游界的"黑马"。

---

① 澳大利亚统计局：*2016 Census QuickStats*，https://quickstats.censusdata.abs.gov.au/census_services/getproduct/census/2016/quickstat/SSC3066。

② 数据来源，苏拉特盆地公司。

③ 澳大利亚昆士兰州西原区政府网站：https://www.westerndownsqueensland.com.au/experience/chinchilla-melon-festival/。

金吉拉小镇的逆袭,一方面向全世界证明了"大块头"水果也有春天,不是只能发展农业,更可以三产融合;另一方面也践行了"大块头"原来更有大智慧,因为金吉拉西瓜旅游的成功并不是凭运气,其背后是一系列出其不意的精巧心思与花样。下面,就让我们一起解剖金吉拉西瓜旅游背后的大智慧,打开脑洞,为我国众多的"大块头"水果乡村提供借鉴!

一、水果只能是吃的吗?——大智慧是"更能玩儿",从水果采摘到水果节庆

一提到水果,很多人脑海中浮现的都是"好不好吃""怎么吃",相应的水果旅游也普遍以采摘、尝鲜为核心卖点。水果作为一种食物,"吃"的确是第一属性,但难道这就意味着以水果发展旅游,必然也要以吃为核心吗?其实并不尽然。正是因为意识到这一点,金吉拉小镇独辟蹊径,自1994年开始,在2月中旬西瓜收获的季节,利用区域核心资源"西瓜"举办西瓜节,带动区域旅游与经济振兴。金吉拉于1995年举办了第二届西瓜节,之后固定为每两年一届。

▲ 西瓜最常见的打开方式——吃西瓜(图片来源:全景网)

在金吉拉西瓜节上，游客都会感叹"真想不到原来你是这样的西瓜"！因为相比单纯吃西瓜，金吉拉西瓜节的吸引力要多元得多：除了可以吃到新鲜的西瓜及各式各样的西瓜料理，还能"看西瓜"——西瓜音乐会、儿童表演、西瓜电影等轮番上演。其中最好看的当属西瓜游行，由极具本地农业风格的西瓜机械组成车队，加上西瓜吉祥物、乐团表演、西瓜美女等助阵，热热闹闹地向游客展示本地的西瓜魅力；另外，除了吃和看，异彩纷呈的还有"玩西瓜"——掷西瓜比赛、带瓜赛跑、西瓜称重赛，以及西瓜蹦极、西瓜车……2019 年的西瓜节上，设置了 20 余项重点娱乐项目。西瓜君这样的"大块头"，不仅可吃，更是摇身一变成为节庆最好玩的道具，西瓜真是"快被玩坏了"。

▲ 西瓜还能变成游戏"道具"，开展西瓜娱乐（图片来源：全景网）

金吉拉从"吃"西瓜到"玩"西瓜，终于找到了西瓜君的"正确打开方式"。数据显示，2017 年的金吉拉西瓜节有 20 吨西瓜用于各种娱乐比赛项目，只有 6 吨左右的西瓜用于品尝；"玩"西瓜更是大大延长了游客在金吉拉的停留时间。相比水果采摘的当天往返，除了前期的活动预热，金吉拉西瓜节还会持续四五天时间。2015 年的西瓜节为当地创造了 350 万澳元的经济收益。①

二、水果节庆只能展示吗？——大智慧是更要体验，从"看热闹"到"一起嗨"

虽然从水果采摘到水果节庆实现了从吃到玩的转变，但纵观全球，对于游客而言，大部分水果节庆都更像一个"看台"——由官方组织举办一系列表演活动，游客则扮演的是看热闹或消费者的角色。相比之下，金吉拉西瓜节更像一个"舞台"或"游乐场"，组织者扮演的是"搭台者"和"游戏设计者"的角色，而每个游客都是节庆必不可少的参与者，整个节庆虽少了几分正式，却更加妙趣横生。

为了能真正吸引更多游客主动参与和体验，共同烘托节庆氛围，金吉拉西瓜节的组织者也是颇费心思，运用多种手法对游戏项目进行了琢磨和设计。

对于常规的西瓜类型比赛，金吉拉就人为增加门槛，创造出新的体验方式，让普通项目变得更有趣。如将普通吃西瓜比赛改成不能用手的吃西瓜比赛，选手们各式各样的吃相，让人忍俊不禁；将常规用手打碎西瓜的比赛改成用头打碎西瓜比赛，将普通赛跑改成带西瓜闯关赛跑，看谁的西瓜更完整……千奇百怪的游戏规则，创造出了更多的戏剧效果，让人笑到停不下来。

此外，金吉拉还以西瓜为道具，开发创意新玩法。大部分人都玩过掷飞镖，但想必很少有人玩过掷西瓜。类似的项目在金吉拉西瓜节层出不穷，在这里，西瓜有了更多元、更具个性化的打开方式。甚至在全球众多的节庆中，金吉拉西瓜节的创意玩法都能算得上名列前茅。在金吉拉，有极富画面感和创意性的滑西瓜比赛，参赛者头顶西瓜皮做成的帽子，将双脚插入新鲜的西瓜中，双手握紧绳子，从布满了西瓜汁液的斜坡上滑下去，摔倒即被淘汰。人们或匍匐前进，或摔得人仰马翻，十分逗趣。另外，这里不是比谁种的西瓜更大，而

---

① ABC 网站：《在金吉拉西瓜节上，西瓜被吃、被砸、被庆祝》（*Watermelons smashed, eaten and celebrated in Chinchilla Melon Festival*）。

是比谁能把西瓜子吐得更远等。总之，在金吉拉，西瓜有1 000种被"蹂躏"的方式，总有一款让你忍不住尝试。

除了一人玩，更强调"一起嗨"。节庆的特质之一是大众在相同时空的共同情感表达。金吉拉西瓜节在强调项目趣味性的同时，尤其注重项目的共同参与。通过人与人的相互竞技、合作来烘托节庆氛围。为此，金吉拉开发了一系列团队趣味比赛："你死我活"的西瓜蹦极，用一条绳带将四个人绑在一起，四个人分别向四个不同的方向前进，每个人都试图够到自己所在角落里的西瓜，多者为胜。游戏在光滑的西瓜汁上进行，已经具备了一定难度，更有趣味的在于彼此可以拉扯别人的绳子干扰对方，与其说是比赛，不如说是玩儿，更贴切。西瓜铁人比赛，选手从起点开始跑，需要跨过一系列障碍物才能到达终点，中间或匍匐，或跳跃，或负重前行等，再加上选手途中的相互干扰和"压迫"更使得游戏妙趣横生、笑声不断；类似的还有三人一组的西瓜车比赛等，多人作战、齐心协力的"搞怪"更好玩儿。

三、水果旅游只能"瓜田李下"吗？——大智慧是要全息，从点到面

一说起水果旅游，大部分人想象的画面都是扎进果园、扎到田野里，变身一日果农。即使一些地区所谓的水果旅游网络，更多的也只是各个果园之间联合串成旅游线路。对于想通过水果旅游带动区域振兴的乡村，尤其是那些又小又远的乡村而言，必须极致化才可能形成带动力。因此仅凭几个果园显然是远远不够的。澳大利亚金吉拉正是因为超越了单个果园的限制，整个小镇全人群、全空间共同发力，最终才能成功带动全镇振兴。

在金吉拉，西瓜节是名副其实的全镇狂欢。所有小镇居民都是西瓜节的筹办者和参与者，一般要花费近半年时间为西瓜节做准备。不仅要提前设计、筹备游戏节目，更要提前为节庆活动预热。当地最具特色的预热方式之一，是在节庆准备及举办期间，小镇居民不分男女老少都会围绕西瓜元素设计自己的装

扮，有的人穿着西瓜颜色或带有西瓜形状的服装，有的人带着西瓜造型或西瓜颜色的帽子，有的人在脸上贴上西瓜贴纸，有的人干脆将整张脸都画上西瓜或涂满西瓜色，还有人将西瓜皮加工成各种形状，戴在头上四处行走……各式各样或夸张，或有趣的造型本身就成为西瓜节亮眼的风景，平添了不少节日欢乐的氛围。

▲ 用西瓜元素进行趣味装扮（图片来源：全景网）

在空间上，节日期间，整个小镇更是变成了一片"西瓜的海洋"。首先，西瓜娱乐项目的举办场地十分多元。西瓜游行贯穿整个小镇主街，各项激烈精彩的娱乐项目主要在户外运动场，各式西瓜的尝鲜则在各大公共绿地，再加上室内的表演、西瓜电影等，小镇每个角落都弥漫着浓郁的节日氛围；其次，小镇随处都有西瓜特色。例如往返小镇与大城市的大巴车上贴满了西瓜造型，草坪上的休闲座椅也刷成了西瓜色，路边商店里各式各样以西瓜为特色的设计商品琳琅满目，而且小镇街头"布满"了西瓜吉祥物，既有吉祥物造型的小品雕塑，又有穿着吉祥物衣服的扮演者，真正是小镇所见皆西瓜。

截止到现在，金吉拉的西瓜节已经成功举办了14届。原定于2021年举办的第15届西瓜节将推迟到2022年举办。西瓜节不仅帮助金吉拉小镇对抗了数次自然灾害，成功实现了从看天吃饭的农业到一二三产业融合的跃迁；而且通过一系列巧心思让金吉拉这个原本默默无闻的小镇，一举吸引了全国乃至全球的目光，为小镇的未来创造了无数可能。

因此，水果"大块头"根本不必自怨自艾，只要打破固有的偏见和误区，"大块头"更能焕发大智慧。我国地大物博，从新疆广阔无垠的哈密瓜地区，到广东的"菠萝的海"，堪称水果资源(尤其是"大块头"水果)大国。与其"捧着金饭碗要饭吃"，还不如"学习金吉拉好榜样"。相信只要肯花心思，琢磨新花样，再小、再远的乡村也都能挖掘出自己的大智慧，真正实现乡村振兴，为区域经济发展持续创造收益！

▲ 美国郊外的小农场（图片来源：全景网）

美国小农场——点草成金的吸金大法

文 | 石金灵

一、小农场，乡村振兴的重要战场！

2018年国家出台了"中央一号"文件，文件题为《中共中央国务院关于全面推进乡村振兴加快农业农村现代化的意见》，乡村振兴拉开帷幕。在乡村振兴中，我们必须意识到小农户是主体，我国大部分农户的经营规模较小，据统计，截至2013年年底，经营耕地10亩以下的农户达2.26亿户，占家庭承包户总数的85.96%以上，至2014年，经营50亩以下的农户占比高达98.71%[①]。2016年年底，我国经营规模在50亩以下的农户占农户总数的97%左右[②]，到2019年，在我国现有的2.3亿农户中，经营耕地10亩以下的农户仍有2.1亿户[③]。规模较小的家庭农场是我国重要的新型农村经营主体之一。

可见，家庭农场是打赢乡村振兴这场战斗的主要战场之一。对于农场而言，大农场可以通过现代化生产发展农业经济规模，依靠农产品销售盈利。但小农场机械化使用效率的边际成本高，经济不规模，往往陷入经营困难的局面。

那么小农场如何找到自己的生存之道？不妨来看看美国小农场的逆袭之路。

二、抓亲子，美国小农场的救命稻草

美国是世界第一的农业大国，一提到美国农场，就会想到《飘》中描述的一望无际的大农场。但实际上美国大多数农场规模都很小，美国50%的农产品是由2%的大农场生产的，60%农场的销售额只有1万到数万美元，销售额超

---

① 周群力：《我国农业规模经济发展及问题》，《中国经济时报》，2016年5月13日，010版。
② 国粮智库网：《全国2.6亿小农户如何衔接现代农业》，https://12266.org/portal.php?mod=view&aid=138。
③ 中国金融新闻网：《扶持小农户背后的政策取向》，https://www.financialnews.com.cn/ncjr/zc/201903/t20190307_155829.html。

过50万美元的仅占农场总量的4%①。随着农业现代化，农产品产量过剩，寻找新的盈利途径，是小农场活下去的必然选择。

其中，很多美国的小农场抓住"亲子游乐"这根救命稻草，一二三产联动发展，成功转型，开辟出一条趣味冒险农场的康庄大道！美国费城附近的樱桃冠冒险农场（Cherry Crest Adventure Farm）就是很典型的一个例子。樱桃冠原先是一座牛奶农场。由于乳品供应量持续过剩，1980年之后，美国农业法案逐步降低对乳品的价格支持，樱桃冠农场陷入盈利困境。农场主科尔曼（Coleman）夫妇决定扩大农场经营范围，寻找新的盈利途径。1996年农场邀请美国迷宫公司，设计打造了农场第一座玉米迷宫。迷宫开放仅31天，就吸引超过2.7万的游客前来②。之后农场不断增添新的娱乐设施，变成一座真正的"冒险农场"，截至2018年吸引游客已超一百万人次③。

对于正进入"亲子经济"热潮的中国而言，美国亲子冒险农场是很好的借鉴对象。根据美团CEO王兴的说法，消费力量的排序是少女＞儿童＞少妇＞老人＞狗＞男人④。途牛旅游网发布的《2017国庆酒店消费报告》认为，亲子酒店爆满成常态⑤。当下"80后""90后"家长往往更加关注孩子的成长，儿童的消费力量不可小觑！

因此，对于当下的中国小农场而言，正是学习"美国农场兄弟"如何发家致富的好时机！

三、耍花招，解密三大美国亲子农场的吸金大法

国内小农场经营困难，一方面，家庭农场涉及农作物种植、家禽/家畜

---

① 新华网：《美国农场的发展现状》，http://finance.sina.com.cn/j/20060221/17532360877.shtml。
② Lancaster County 杂志网站：樱桃冠冒险农场（Cherry Crest Adventure Farm）。
③ Lancaster County 杂志网站：樱桃冠冒险农场惊人的玉米迷宫（Cherry Crest Adventure Farm Amazing Maize Maze）。
④ 搜狐网：《消费市场价值：少女＞儿童＞少妇＞老人＞狗＞男人？|唠氪儿》，https://www.sohu.com/a/150570677_114778。
⑤ 旅游圈网：《途牛〈2017国庆酒店消费报告〉：用户愿为高品质买单 亲子酒店爆满成常态》，https://www.dotour.cn/31100.html。

等，脏活儿、累活儿都是日常工作，收入却并不比进城打工挣得多，这导致愿意从事农场工作的人不多；另一方面，家庭农场不仅收入效益低，还面临农村融资难的问题。正如中国乡建院院长李昌平所言，城市的金融机构不愿意借贷给农村[①]。那么，如何能少花钱多办事儿呢？不妨来看看美国小农场的三大吸金大法。

第一招：抓野趣，玩的就是心跳。

"野趣"是乡村迥异于城市的在地特色，每一个孩子都有"撒野"的天性。农场自然的露天环境、足够开阔的玩耍空间，是孩子"撒野"的天堂。城里不缺豪华的生活设施，但城里却没有让孩子"撒野"的大面积土地。而农场最不缺的就是开阔的土地。所以，同样是抓亲子经济，乡村小农场并不需要像城里游乐场一样投入大量资金购买游乐设施。关键是如何能把乡村的特长——"野"发挥出来！目前中国很多城市周边的乡村休闲设施，虽"野"但规模有限，与又"野"又"大"的美国小农场不能相提并论。

在美国的小农场，草不是用来烧的，而是用来玩儿的。依托农场天然的起伏地形，农作物被搭建成有落差的野外游乐设施，别有一番"野趣"。美国的樱桃冠农场就是利用秸秆、玉米等作物，打造出各种刺激的野外娱乐项目。例如，用稻草搭建的巨型滑梯，滑道越长越刺激，在下滑过程中，孩子们两耳生风，借着大量的加速度与骤减速度的组合刺激前庭系统，产生高度兴奋感，玩得尽兴，玩得过瘾。而且，稻草做成的设施富有弹性，安全度高。

另外，农场还设有稻草围成的踏板车赛场，让小朋友们可以体验城市中无法尝试的风驰电掣的刺激感，圆了孩子们的赛车梦。稻草金字塔是樱桃冠农场的又一法宝，用稻草堆成四面可爬的金字塔，让孩子们比赛谁先攀爬到顶端。农场还设有秸秆打包提升机，可以让孩子们利用轮滑提升起50～400磅重的秸秆包，在玩的同时了解轮滑的物理知识。还有稻草码成的隧道。这些都是用农场现有的秸秆搭建而成的娱乐设施，又过瘾又安全。

---

① 李昌平．《建设新农村先建新金融——深化农村改革的举措之一》，《探索与争鸣》2010年第2期。

▲ 稻草也可以娱乐（图片来源：全景网）

在寸土寸金的城市，占地 2 万平方米已经是一个业态丰富的商场。例如，占地面积 1.91 万平方米的北京朝阳大悦城[①]。而在农场，2 万平方米仅是一个开阔的迷宫。对孩子们来说野外的迷宫更具探索性、更能激发好奇心，满足孩子们在自然中"探奇"的心理，这是城市中人造环境所无法比拟的。樱桃冠农场的人气磁极——玉米迷宫，被《今日美国》(USA Today) 评为十佳最适合家庭休闲的迷宫之一。迷宫面积达 2.02 万平方米，行程长达 5 千米[②]！农场还在迷宫沿途设置了很多趣味游乐设施，让参与者在寻找出口的同时，还能收获意外的惊喜，全程充分享受迷宫探奇的乐趣。

因此，小农场要想抓住小朋友"撒野"的喜好，让孩子们玩得尽兴、刺激，娱乐设施必须尽量"大"、足够"野"！

---

① 新浪乐居网：《朝阳大悦城规划信息》，https://house.leju.com/bj38471/xinxi/#wt_source=pc_house_lpxq_dh。
② 美国樱桃冠农场官网：*Voted a Top 5 Corn Maze in America by USA Today*！，https://www.cherrycrestfarm.com/corn-maize。

第二招："见""学"并举，拓展大孩子客群。

目前国内许多乡村休闲项目已经初步开发了农场见学活动，让孩子在大自然中学习知识，寓学于乐。如观看小动物，学习动物的生长习性，甚至认领小动物。然而这只适合处于幼儿园阶段的小朋友，客群有限。美国的农场见学，不只让低龄小朋友可以增长见识，还针对高年级的大孩子，开设农业专业知识的在地学习课程，进而拓展了客群。

纽约附近的霍桑山谷农场（Hawthorne Valley Farm），被《现代农民杂志》评为全国"7个最佳农家营"，自1972年以来，超过2.4万名学生通过"访问学生计划"或"夏令营"在这里学习[①]。霍桑山谷农场对幼儿园、一至十年级的每一个年级进行了详细的课程设置。不仅设置了适合低年级小朋友观察动植物、农耕劳动等初级课程，还针对高年级学生开设了实地学习农业经济、农业土地测量等深化课程。

▲ 身临其境的农业生产见学（图片来源：全景网）

① 美国霍桑山谷农场官网：https://pblc.hawthornevalley.org/。

针对六年级学生，开设了乳制品研究课程，不再是简单的学做乳制品，而是实地考察乳制品的成本、售价，从而深入学习农业经济的相关知识。学生参观当地奶油厂，并从经理处了解每磅牛奶的成本及多少磅牛奶能做出一磅奶酪。他们拿着写字板到霍桑山谷商店研究乳制品实例，比较来自周边地区和世界其他地方的奶酪价格。当学生们对组成乳品的系统各部分关系和价格有了更深的理解后，他们就能够考虑到存储、人工成本、运输等因素了。针对八年级学生，开设了气象学课程，带领学生观察山谷的微气候，通过切身体验自然环境与天气，更深入地理解课堂上学习的气象学知识。针对十年级学生，开设了土地测量课程，让学生实地学习知识。

对于国内小农场而言，不能仅仅停留在幼儿看小动物的阶段，可以通过与学校和专业机构的合作，向高年级的农业专业见学延展。

第三招：以小博大，常来常新，常新常来。

小农场资金有限，大建设不是明智之举。花小钱办大事，才是小农场应走的路，农场本身具有丰富多变的场景，应反复利用、充分利用在地资源和设施。打造小景点密集化，以"惠而不费"的小手法，形成组合力，将城市游客引进来，是美国小农场"以小博大"的吸金之术。

樱桃冠农场没有建设大体量的场馆设施，而是充分利用地形等自然环境，集中打造了50多项小型娱乐设施，常换常新，并融入农场的自然景观中[1]。不断更新内容的娱乐设施，不仅持续吸引人气，还节省了大量的建设成本。农场不仅有"橡皮鸭滑水比赛""小鸡布偶音乐秀""蹦蹦床"等城市内也有的娱乐设施，还开设了很多利用农场本身资源的娱乐项目。

每年夏天和秋天，举办"小猪赛跑"的活动，白白胖胖的小猪系着不同颜色的围脖，憨态可掬。一旦跑起来，圆滚滚的身体却非常灵活。尤其是3头明星小猪塔克（Tucker）、楼南茜（Nancy Lou）和山姆（Sam）的比赛，被称为

---

[1] 美国樱桃冠农场官网：*Meet The Farmers*，https://www.cherrycrestfarm.com/meet-the-farmers。

史诗般的对决,场外的小朋友全程发出震天的喝彩声。"苹果加农炮"是以苹果作为炮弹用大炮喷射出去的娱乐活动,射程非常远,场面极为震撼。还有"弹力投掷"项目,设置了与人等高的巨型弹弓,小朋友需要用尽全身力气,甚至坐到地上拉满弓,才能用巨型弹弓把网球弹射到对面的小山丘上,如果射到目标,小朋友就可以获得农场奖品。

▲ 可爱的小猪赛跑也是一大人气磁极（图片来源：全景网）

除了小景点密集化,农场的磁极产品需要常换常新,才能吸引回头客常来。其拳头产品"玉米迷宫"也非一成不变,而是每年换新。围绕当下流行的影片、音乐、童话等热点,形成玉米迷宫"一年一主题"的布局,吸引城市游客每一年都来。有根据童话编的、圣经编的、儿歌编的。例如,1998年"诺亚方舟"的主题来自《圣经》,2001年的主题来自当时风靡全国的童谣"老麦克唐纳有个农场",2002年以经典童话"绿野仙踪"为主题,2012年以当年风靡全美的MLB美国职业棒球世界大赛为主题,设计了"击球员就位"的迷宫。

总之，在中国，即使是在大都市周边，能够被冬奥会等超级赛事节庆砸中的超级幸运儿，绝对是少之又少。然而，只要是在大城市周边的乡村，其实都可以成为幸运儿！通过学习美国小农场的各种经验，发展大都市周边短途、高频次的亲子乡村休闲，依然可以振兴发展。我们应该相信，通过"常新常换"的创意吸引城市消费群体，在乡村的小农场，依然是广阔天地，大有可为！

▲ 湖边 桑拿屋（图片来源：全景网）

芬兰桑拿村之偏远偏方，治大病——健康养生产业对乡村振兴的带动

文 | 邸 玥 高级项目经理

新时代下,乡村振兴就是要把握新诉求,以创新的方式来激活。因此,当美好生活的新追求和乡村振兴紧密结合在一起时,必将能迸发出巨大的火花和力量,实现真正的乡村振兴。谈及美好生活,身体健康是其中不可缺少的组成部分。但是说到身体健康的养生和乡村发展的关系,人们往往都会想到"农家乐",吃吃土菜、干干农活、看看大自然,享受纯朴的乡村生活,让身体适当放松一下,就算得上一次健康养生之旅了。

这仅仅是浅层的"身心放松",很多具有不错自然环境的乡村都可以做到。在这篇文章中,将阐述一种无论对身体康健还是偏远乡村发展,都更加"有效"的"偏方"!

一、偏远偏方,治大病

对于一些宜人的偏远乡村,甚至不发达地区来说,其生态环境、空气质量、水资源、有机产品等越来越成为弥足珍贵的资源,从而使得这些乡村成了养生胜地。正如国内的广西巴马瑶族自治县,一个地处广西西北群山深处的村落被誉为"世界长寿之乡、中国人瑞圣地",很多城市人群的通病高血压、高血脂等在巴马都没有,其长寿人数之多、长寿比例之高在世界长寿之乡里高居首位。

很多人都认为其健康长寿背后的原因,主要是由于巴马的好水,即所谓的"弱碱性水",有利于人体的吸收,具有增强机体免疫力的功效。很多企业也抓住市场,推出了一系列巴马水的产品,如巴马八珍泉、巴马藏泉、巴马百年、巴马百岁源等品牌。

其实更重要的是,巴马之所以被称为"长寿之乡",不仅仅只有"水",得天独厚的自然生态条件和长寿资源是其吸引力所在,而且是巴马养生旅游的核心竞争力。巴马的空气、水、地磁、阳光指数、气候五大独特的自然因素组合在一起，从顺畅呼吸、体液呈弱碱性、促进血液循环和新陈代谢等方面，全方位地维护人体健康，为养生人群创造了一个适宜养生长寿的环境。因此，单靠销售巴马水，把东西运出去是远远不够的，要带动巴马的持续发展，"把人运进来"才是更为重要的制胜秘密。

但是，"把人运进来"并不等于"把房子运进来"。很多人认为，人来了自然而然就需要更多的房子来承载，从而无意识地破坏了稀缺的养生资源。其实，"把人运进来"正确的打开方式，是把人带到健康的生活中，提供一种养生的生活方式。因此，如何有效利用好自然，实现健康养生产业带动的乡村振兴，是不容忽视的问题。

面对上述问题，芬兰有一个依托在地养生资源的"小渔村"，在保护环境的前提下，真正撸起袖子加油干出了一个"养生桑拿村"——深挖自身价值，合理利用独特资源，其魅力就在于打造成"偏远偏方，治大病"的养生绝佳之地，由此改变了偏远乡村的面貌。

二、海然库卡洛，人见人知的芬兰"桑拿村"

1．从偏远的"小渔村"到都市人的"桑拿村"

与广西巴马一样，海然库卡洛（Herrankukkaro）位于芬兰西南部偏远的沿海群岛，是波罗的海海边的一个小渔村。20世纪70年代可以说是它的转折点，在其"真命天子"奥斯卡（Oskari）先生的推动下，开始改建，紧抓渔村"桑拿"资源，成功变身为"养生天堂"。据统计，海然库卡洛每年接待游客1万~2万人，其中1/3来自芬兰以外的国家[①]，是一个不折不扣撸起袖子加油干出来的乡村振兴。

说到桑拿，很多国家都有。但是在围绕波罗的海的芬兰，人们视桑拿为生

---

① 芬兰海然库卡洛官网：https://www.herrankukkaro.fi/en-gb/activities。

活的一部分,视桑拿为最能代表芬兰的文化,为养生的不二选择。芬兰人认为他们的健康与蒸桑拿是分不开的,联合国教科文组织指出,芬兰的桑拿"人人都可以享用"。据统计,芬兰550万人口共有320万间桑拿房①,其大小、形状和形式各不相同,只要是你能想到的地方,公寓房、木屋、公共游泳池、健身房、酒店、船只,乃至公共汽车上都有桑拿。海外的芬兰大使馆也建有桑拿,赫尔辛基的国会大厦也有一间。有人说在这个国家,很多重要的决定都是在桑拿中完成的。99%的芬兰人至少一周要洗一次桑拿。可以说,桑拿是芬兰人保持健康的特殊"偏方"。正如一句芬兰谚语所说:"如果一个病人没能被煤焦油、烈酒或桑拿治愈,那他必死无疑(Jos ei viina, sauna ja terva auta, niin tauti on kuolemaksi)。"

在桑拿资源如此丰富和常见的芬兰,海然库卡洛到底魅力何在,不靠外部资源植入,就可以吸引大量游客到这个偏远乡村来花钱买健康,实现其可持续发展?

2."把人运进来"养生的制胜秘诀

正如很多桑拿朝圣者所说:这里是必到之地,发誓一生必到。一捧纯洁自然,一点芬兰桑拿,一味传统理疗,来一匙野味,加一些轻松活动,你会焕然一新,犹如重获新生。一次旅游度假,全部都能体会到。看完这段话,答案呼之欲出。

(1)偏方够偏,奇特另类。

芬兰桑拿遍地开花,家家都有桑拿室,种类也很丰富,海然库卡洛的桑拿之所以能够脱颖而出,关键在于蒸的"另类",让神奇的体验方式和效果对游客产生巨大的吸引力。

1)拥有世界最大的"地下烟熏桑拿",蒸得健康。

传统的渔村提供原汁原味、最正宗的"烟熏桑拿(Savusauna)",又称

---

① 2 Yle网站:*Finnish sauna culture steams up UNESCO Heritage List*, https://yle.fi/uutiset/osasto/news/finnish_sauna_culture_steams_up_unesco_heritage_list/11703917,2020年12月17日。

黑色桑拿。拥有四个专用房，其中最大的房间可以容纳124位游客同时进行体验，每个人都能够在6种不同高度的长椅上找到自己最喜欢的位置[①]。

桑拿房间里没有灯光，烟熏后的内墙也是黑漆漆的。在桑拿过程中，可以用白桦枝叶扎成的拂条"Vihta"拍打身体，不仅可以体验芬兰桑拿的仪式感；而且可以透过拍打，彻底放松身体的毛孔，以达到清洁和排汗的效果。同时炉子不再加热，享受最舒服的烟熏蒸汽，放松身心。正是这些被高温烧制形成的木炭内含有的活性炭成分，以及木材的香气渗透到蒸汽里，起到了"杀菌"和"排毒"的疗效。

▲ 烟熏桑拿（图片来源：全景网）

你以为蒸一蒸就结束了吗？当然不是！这里还有令人放松的泥炭桑拿护理，采用传统的芬兰配方，将焦油与泥炭制作成磨砂膏和面膜涂抹全身，护理

---

① 芬兰海然库卡洛官网，https://www.herrankukkaro.fi/kokous/saunat-ja-kylvyt。

时间约为 30 分钟[①]，使身体得到彻底的清洁和舒缓。

2）"热水大浴缸＋海水大浴池"冷热交替，泡得舒畅。

冷热交替所形成的"冷热水效应"，有较强的锻炼身体的价值。冷热的变换达到给"血管做体操"的目的，交替的刺激使血管一张一缩，从而增加血管的弹性，改善机体的血液循环和营养状态。

海然库卡洛在码头区域地势较高的位置放置了多个热水大浴缸，让人们可以在室外享受泡汤的疗养。同时就地取材，中途还可以去波罗的海中"凉快"一会儿，实现海水浴疗法。在富含丰富活性元素的海里泡一泡，吹吹海风，对身心健康非常有益。

最刺激、最让人欲罢不能的就是到了冬天，从热气腾腾的桑拿房出来，纵身跳入冰窟窿池中，或在积雪中打个滚，俗称"冰火两重天"，别提有多舒坦了，仿佛打通任督二脉一般的痛快！

▲ 冷热水效应（图片来源：全景网）

---

① 芬兰海然库卡洛官网，https://www.herrankukkaro.fi/savusaunakierrokset。

（2）"搬不走"的吸引力。

海然库卡洛不只关注桑拿、用好桑拿，更重要的是做到了真正关注健康养生。与桑拿紧密结合，充分挖掘在地特色资源，如饮食、地形、文化等开展丰富的健康体验，实现偏远偏方的一体化打造，为游客营造健康养生的生活方式。真正体现在地"搬不走"的资源价值，让"没来的盼着来，来过的还想来"。

1）品尝在地美食、应季食材，"吃"得养生。

"吃"从来都是很重要的事情，这也是"民以食为天"的真正寓意。只有来到这里，才能感受到最鲜的即时海味、最特别的在地饮品。

一来到这里，就会有一份见面礼在等着你。用桦木杯盛的"焦油茶"，闻起来有一股浓郁的"药味"，这是由来源于松树的"焦油"泡制而成，喝一口，唇齿间留有松树和茶混合的清香味。

与此同时，海然库卡洛古老的渔村传统，让人们有机会体验捕鱼和群岛食物的现场烹饪，提供 20 种不同鱼类"现捞现吃"的经典自助餐[①]，无添加且无过多加工，保留最简单的美味。同时结合应季食材，制作在地特别的三文鱼料理、海鱼奶油、蘑菇沙拉、手工面包等健康美食。在天气允许的情况下，还可以在海岸周边绕着篝火和煤油灯享受野餐。论养生，谁都比不上这食于山水间的意境。

2）随吃随"动"，走进天然的健身房。

饮食和运动往往密不可分，需相互配合才能让身体保持最佳的健康状态。虽然海然库卡洛有很多美食满足人们的胃，但是不用担心，这里也是最理想的户外活动地，足够来一场"动吃动吃"的健康平衡之旅。

野花灿烂，森林茂密，阳光充足，空气清新更不必说，这里简直就是一个户外运动的天堂。如果时间有限，运动细胞又不那么发达，没关系！可以试

---

① 芬兰海然库卡洛官网，https://www.herrankukkaro.fi/en-gb/info。

试海钓活动,即使从来没有钓过鱼的小伙伴,在老师的指导下也能很快参与其中,从中找到乐趣;或者漫步在天然的森林氧吧中,提神醒脑,安神养心,有降低血压、排除身体毒素、改善情绪的功效,这是这里最为惬意的安养方式,如果喜欢刺激的户外项目,也可以挑战树顶冒险,让全身动起来。

▲ 户外运动(图片来源:全景网)

3)"住一住、玩一玩",感受神秘的乡土健康力量。

一来到海然库卡洛,就好像回到了几十年前的芬兰小渔村。一切生活都是建立在真实、原始和古老价值的基础之上,向人们展示着极具地方风情而不简陋的乡村情调,发挥着极其神秘的乡土健康力量。

这里的每一所房子都是由小渔村的传统旧房屋改建,以木头为原材料搭建而成,与小渔村的乡村情调完美融合,最大化地保留村落的原始风貌,让人们"住"得舒心。大小不同的传统木屋可以容纳100多名过夜的客人[①],为其提供

---

① 芬兰海然库卡洛官网,https://www.herrankukkaro.fi/en-gb/accommodations。

隐遁世俗的住宿体验。可以说，小而美的渔民村庄可以让人们在舒适的原生态环境中，快速抽离都市生活，从而回归到舒缓而恬静的自然作息中。更具特色的是，这里还提供树屋，让住宿更有趣。

在海边充满气氛的渔船里好好睡上一觉又会是怎样的体验呢？躺在波罗的海上的渔船里，欣赏着夜空，伴着低浅的海浪翻涌声入梦，清晨在水鸟的喧哗声和雾气的氤氲中醒来，也许这就是美好生活一天的开始。

不仅如此，还可以通过本土特色的桑拿节庆，最直接地感受小渔村的乡土味儿。事实上，多数节庆都起源于乡村，传统意义上的节庆本身就是风土人情的集中展示，具有一定的仪式性。海然库卡洛也不例外，高频率、面向不同人群的多主题桑拿节，更成为这里的一大亮点，让游客玩转多种乐趣；不仅为养生旅游增色，而且吸引更多人常来常住，获得真正的当地节日体验。

4）"洋配套、高格调"，满足旅游多元需求。

偏远偏方并不代表"土"，也不代表一味的落后。相反，海然库卡洛利用高标准打造了高规格的洋配套。洋虽是新潮的表现手法，但不是莫名地求新求变，自娱自乐，而必须满足现代人的旅游需求，确保满足游客的多元需求。

来到海然库卡洛，别以为住在木屋、渔船里就不会有精品酒店的星级服务。其实每个房间都设施完善，高标准配置。如果不想自己动手，三餐还有厨师配备。不管家庭游还是朋友聚会，都能找到合适的房型，为人们营造出家一样温馨的感觉。同时提供专业化的团体服务，设置12个会议室，可容纳10人到200人以上的团体[1]，有许多大企业在此招待最重要的客户。芬兰艾斯堡商务管理顾问公司（Midagon Oy）的创始人 Petri Malmelin 曾这样说过："这是一个非常适合开会、创新、教育和培训的环境！"

---

[1] 芬兰海然库卡洛官网，https://www.herrankukkaro.fi/en-gb/conferences。

放眼中国,像广西巴马这样的"长寿之乡"及地域偏远的乡村还有很多,恰恰是因为偏,可进入度相对较差,反而保护了当地的生态。换言之,可挖掘的内涵远比人们想象的多得多。神奇的"偏方"也是对生态环境的有力保护。因此,应发挥神秘的乡土力量,充分利用健康产业的大发展,把偏远的乡村生活真正作为一种养生偏方,让人们在感受青山秀水的同时,融入自然,康体健身,真正实现健康养生的乡村振兴!

▲ 羊角村景致（华高莱斯 摄）

荷兰羊角村——"冻龄"女神养成记

文 | 陈 星

提到荷兰羊角村（Giethoorn）①，大部分人都会联想到碧水粼粼、小舟轻漾的静谧田园水乡景致。羊角村算得上一位乡村旅游界中的"冻龄"女神，不仅在世界范围内具有很高的知名度，而且持续火了几十年。即使遇到了疫情，羊角村也是荷兰最早恢复营业的旅游景区之一。

一、"黑"历史到"大"旅游

1. "小"乡村却有"大"旅游

羊角村地处荷兰较为偏远的东北部，隶属艾瑟尔省（Overijssel）斯滕韦克尔兰德市（Steewijkerland），距离最近的大城市阿姆斯特丹也有近120千米。然而截至2018年，这座仅仅有2 620名②居民的小村庄却经营着32家宾馆、30家餐厅③。在疫情发生前，每年迎来超过80万的国际游客。④虽然对于成功的国内旅游地而言，这些数字似乎并不是一个足以标榜成功的资本，但是在欧洲，这确实代表了惊人的旅游吸引力：80万国际游客量占据了荷兰这个旅游大国游客总量的5%，到访荷兰的30万中国游客几乎都会选择游览羊角村。⑤

当然，作为荷兰最为重要的乡村旅游磁极，羊角村在吸引大量游客的同时更是带来了庞大的经济效益。早在2015年，根据羊角村当地旅游业企业家的估算，

---

① Giethoorn 荷兰村庄，中文官方翻译为希特霍伦，因其荷兰文意义为"羊角的村庄"，又被华人直译为羊角村。
② 《羊角村：荷兰的小桥流水人家》，《环球》2018年第1期。
③ 缤客（Booking）及猫途鹰（Tripadvisor）数据，2018年。
④ 荷兰华侨新天地网站：《中国游客挤爆荷兰羊角村，当地居民却这么说》，http://asiannews.nl/chinese/news/%e4%b8%ad%e5%9b%bd%e6%b8%b8%e5%ae%a2%e6%8c%a4%e7%88%86%e8%8d%b7%e5%85%b0%e7%be%8a%e8%a7%92%e6%9d%91%ef%bc%8c%e5%bd%93%e5%9c%b0%e5%b1%85%e6%b0%91%e5%8d%b4%e8%bf%99%e4%b9%88%e8%af%b4/，2018年5月8日。
⑤ 中国日报网：Dutch villages, small cities look to attract more Chinese visitors，http://www.chinadaily.com.cn/travel/2015-09/10/content_21840815.htm，2015年9月10日。

平均每位华人游客为当地带来约 750 欧元的三产收入，仅羊角村吸引的华人游客就为艾瑟尔全省贡献了高达 2 900 万欧元（约 2.3 亿人民币）的经济效益[1]。

2. "白富美"也有"黑"历史

众所周知的名气、络绎不绝的游客加上可观的旅游收益，如今的羊角村早已成为乡村旅游界名副其实的"白富美"。其实，这座在乡村旅游界被推上神坛的魅力水乡，也有着不为人知的"黑"历史。

羊角村原属于教皇严密监管的大片森林沼泽无人区，直至公元 1290 年左右才迎来第一批定居者——天主教流放者[2]。这批流放者为了生存只能夜以继日地在泥沼里挖取泥炭谋生，他们在挖掘过程中发现了大量的山羊角，因而给这个地方取名为"Giethoorn（羊角村）"（horn of goats，山羊的角）。为了运输泥炭，挖矿者又挖掘出沟渠和运河，进而形成了羊角村最初沟壑纵横的村落结构。由于过度的人工开采，导致了羊角村脆弱的地质结构，18 世纪和 19 世纪两次特大洪水彻底改变了当地原有地貌，形成了如今湖泊纵横的面貌。

历经数百年的挖掘，羊角村的泥炭资源逐渐枯竭，只留下了数千名流亡者的后代和大量废弃的沟壑、运河河道。羊角村作为偏离发展方向的小村落，在数百年的发展中只继承到了历史的苦难，却并无机会搭乘黄金时代发展的马车——远离大城市，大量的湖泊湿地也隔断了其连通城市的陆路交通，羊角村仿佛成为一个发展的孤岛。因而，羊角村成为荷兰城乡发展蓝图中被遗忘的角落，当地居民也只能在这样一片狼藉的土地中，依靠传统农业和畜牧业艰难地维持生计。

这样一个满目疮痍的小村庄是如何一步一步逆袭成为如今世人皆向往的梦幻园呢？羊角村的逆袭配方可以说是视频传播力带来的名气，配以精雕细琢的打磨，再佐以长期的精细化维护。

---

[1] 中国日报网：*Dutch villages, small cities look to attract more Chinese visitors*，https://www.chinadaily.com.cn/travel/2015-09/10/content_21840815_2.htm，2015 年 9 月 10 日。

[2] 第一批定居羊角村的居民是欧洲天主教的鞭挞主义者（Flagellant），他们通过极端的形式鞭挞来实现肉体禁欲，被天主教教会谴责为激进的异端邪教。

▲ 临水而居的羊角村（华高莱斯　摄）

二、羊角村逆袭的秘诀

第一步：小乡村紧抓大机遇——电影带来的"一夜扬名"

20世纪，欧洲各国迅速推进城市化进程，然而环境污染、城市拥堵、嘈杂噪声等问题却在各大城市肆虐，恬静乡村的美好成为都市人内心中最大的渴求。这时的羊角村依旧保持着乡村最原始的田园风情，纵横的水运河道也成为阻隔汽车最有利的挡板——羊角村就像一位深闺院墙中的貌美女子亟待大家发掘。

然而旅游的成功，本质并不在于旅游地本身的貌美，旅游磁极打造的原则永远是"我知故我游"。1958年，羊角村就迎来了一个闻名欧美的契机——荷兰导演伯特·哈安斯特若 Bert Haanstra 将羊角村选为《吹奏》（*Fanfare*）[①] 的电影拍摄地。随着这部音乐喜剧电影的国际影响力不断提升，羊角村这个默默

[①] 《吹奏》入围1959年戛纳电影节和第一届莫斯科国际电影节，成为荷兰电影史上最有影响力的电影之一。

无闻的小村庄似乎在一夜之间就成为欧美人心目中的梦幻旅游地。

紧抓电影大IP机遇，羊角村随之打出了"荷兰威尼斯"的宣传口号，通过抱住威尼斯这样世界闻名旅游地的"大腿"迅速上位，打开欧美市场。1958年这次电影契机成为羊角村转型发展的重要转折点，随着羊角村旅游休闲业价值的迅速提升，羊角村的支柱产业也由传统农业转型为旅游产业。

2015年，羊角村针对日渐扩大的华人旅游市场推出了《你好，荷兰》（*Nihao Holland*）纪录片——通过一位中国女孩追寻梦想中的"世外桃源"的经历，以中国人的视角审视在国际上早就声名鹊起的水乡风情，进而迅速打开中国市场。

在数字信息时代，视频早已取代了纸媒等传统宣传方式，成为最具传播力和影响力的传媒手段。如果说60年前，羊角村的"一夜扬名"似乎是一个天上掉馅饼的偶然机遇，那么2015年的《你好，荷兰》就是一个刻意定制的重磅广告。其实，国内旅游界的"白富美"也早已将旅游宣传片玩出了百般花样——从主打感情牌的乌镇宣传片《心的乌镇》，到卖萌派的安康卡通宣传片《米西的安康》，再到以"吐槽"引发共鸣的鬼畜型上海城市宣传片《魔都·魔都》，宣传片早已成为城市旅游推广的标准配置。

对于国内大多数默默无闻的乡村而言，视频更是拯救乡村的一剂"强心针"！乡村旅游发展必须抓住视频振兴机遇！虽然一部精致的旅游宣传片未免过于奢侈，但新媒体时代，抖音、快手等这类"农村包围城市"的自媒体平台则为乡村画面传播提供了绝佳机会——这类软件用户量极大，且拥有大量的活跃粉丝量众多的"乡村播主"。数据显示，截至2018年12月，快手拥有超过1.6亿日活用户、3亿月活用户，每日上传短视频超过1 500万条，库存短视频数量超过80亿条；抖音发布的《2019抖音数据报告》显示，截至2020年1月5日，抖音日活跃用户数已突破4亿[①]。这类短视频平台已经成为流量时代最重要的传播力。如果能够正确引导"乡村播主"进行乡村画面的正能量传播，这

---

① 《抖音VS快手，谁吃肉？谁喝汤？》，http://www.woshipm.com/evaluating/3963468.html，2020-06-04。

类短视频平台必将成为乡村扬名的最佳捷径!

第二步:小乡村也要大规划——规划走出的"经久不衰"。

当然,视频推广可以让"小土妞"摇身一变成为"网红美女"。但是想要成为真正的"流量明星",就必须依靠精心收拾。对于羊角村而言,定制化的规划是其"经久不衰"的核心秘诀。

1. 土地整理——集约整治,小修小补,挖掘特点

1938年,为促进农业生产,荷兰出台第二部《土地整理法》。在这一法规背景下,大量有魅力的乡村景色在土地整理后不复存在,农业化的大幅推进也带来了大批动植物的死亡。[①]然而,羊角村却根据自身土地的性质,通过精细化的土地规划,完整保留了水乡的河道肌理和船运文化,并通过土地整理形成了整齐划一的大尺度河道景观。正是当年对这些水乡元素的保护和整合,才成就了如今羊角村旅游发展的最大特色。

在农用地和畜牧用地紧缺、村落间交通极不便利的背景下,羊角村的规划选择了一种保守却高效的方式——"尽可能保留乡村河道,尽可能减少道路建设"。

在解决土地紧缺的问题上,羊角村通过优化土壤、水质等技术手段,通过提升土地生产效率来提高农业产值,而非进行河道填埋等土地扩张方式。在解决村落间交通问题时,羊角村通过农户间土地交换,尽可能缩短农户与农田的距离,而非一味地进行道路建设。

羊角村的规划建设的核心在于——根植于乡村本身,把乡村农业缺点包装成为特点。这才是乡村规划的关键所在,如果采用"镇区模仿城市、乡村模仿城镇"的错误方式,那么那些规划出来的"大广场、硬地面"会磨平了大量乡村的特色风情。要知道,规划不等于整容!对于乡村而言,一味地模仿城区只是饮鸩止渴,根植于乡村特色风情的"小修小补"才是乡村振兴的点睛之笔!

---

① 张晋石.《20世纪荷兰乡村景观发展概述》,《风景园林》2013年第4期。

▲ 羊角村一角（华高莱斯 摄）

2. 土地开发——综合开发，大开大合，放大特点

1969—1974年，荷兰乡村规划逐渐从"促进农业发展的土地整理"向"综合型发展的土地开发"转变，羊角村在此期间率先筹建当地土地开发委员会，进行第二轮土地规划开发。本次规划在优先开发旅游功能的前提下，平衡了农业、自然景观、旅游休闲等多方利益。①

这次规划覆盖了羊角村5 000公顷土地面积，明确规定其中的2 600公顷集中用作农业生产、2 400公顷用作自然保护用地；为保护生态景观资源，村内主要区域不再开放观光，只预留250公顷的公共水域②，并集中开发数条特定水道用于旅游休闲。在土地开发期间，羊角村聘请当地建筑师里斯坎普（DJ Reeskamp），历时8个月修复了破败的废弃农场，构建了农场博物馆（Museum Het OldeMaatUus），由此展现出村落的历史文脉价值。

第二次土地综合开发规划将农业、生态保护和休闲旅游用地进行整体分

---

① 张驰，张京祥，陈眉舞.《荷兰城乡规划体系中的乡村规划考察》，《上海城市规划》2014年第4期。
② 腾讯网：《荷兰羊角镇，中国人贡献大量客流的乡村旅游标杆！》，https://new.qq.com/omn/20210109/20210109A0CZH000.html，2021年1月9日。

离，使农业生产和生态保护不再成为制约旅游开发的约束条件。规划明确了村内旅游用地规模，实现了旅游功能的集中、高效开发，进而形成了羊角村如今的旅游功能区。另外，这次的综合开发也将乡村旅游能级进行放大，农业地区在提升生产效率的基础上，进行了大面积的农业景观整治，让农业也成为旅游观赏的重要部分。①

不同于国内乡村建设开发"自上而下"，省、市、县层层推进的逻辑，羊角村是"自下而上"，让乡村自身更具主动性的发展模式。熟悉村落特质的羊角村村集体在规划中占据绝对主导地位，结合荷兰乡村建设大背景，形成最大化放大自身特点的规划。

国内乡村处于规划系统的末端，通常不会自主定制村庄发展规划，而是被动承接上级统筹的规划方案。更为严重的是，国内有些乡村统筹规划方案"不接地气"，很多规划方案是由并不了解乡村的规划机构完成，他们往往难以抓住乡村真正的特质和发展需求。脱离当地村集体"乡土气"的规划永远无法发挥乡村本身的灵动，只会变得"千村一面"。

第三步：小乡村依托大体系——管理维护下的"历久弥新"。

定制化乡村规划让羊角村从一个"新晋网红"成为一个真正的"流量明星"，而数十年如一日的精细化管理则让羊角村成为一个真正的"不老女神"。

1. 专业型土地管理体系——精细化土地服务

羊角村在土地管理上进行多个部门、多个环节的专业化管理，保障土地使用合理、土壤和水域的生态稳定。羊角村的土地管理工作主要由村民自治的羊角村土地开发委员会和两个政府层面的服务机构——乡村土地和水资源管理部、地籍管理部协作完成。②

在土地的规划开发过程中，土地开发委员会主导土地的规划、建设施工工作：前期组织地籍管理部的土地资源管理专业人员，完成开发项目中的土地再

---

① 张驰，张京祥，陈眉舞.《荷兰城乡规划体系中的乡村规划考察》，《上海城市规划》2014年第4期。
② 张驰，张京祥，陈眉舞.《荷兰城乡规划体系中的乡村规划考察》，《上海城市规划》2014年第4期。

分配方案；建设期组织土地和水资源管理部的相关技术人员，管理、执行土地开发项目；最后土地开发委员会负责项目施工监督和验收。①

2. 协作型景区管理体系——复合型景区维护

在景区维护上，羊角村也实现了多个部门的协作管理，实现了生态景观、历史文脉、景区资产管理的多元管理模式。荷兰最大的自然保护协会德维登（Natuurmonumenten）②负责对羊角村的水域、湿地沼泽进行景观维护，每年组织专业工作人员对景区内芦苇进行收割，并通过生态景观设计实现羊角村生态景观稳定。羊角村内部的旅游功能开发经营工作，如文化历史活动管理、户外亲子教育活动组织等，主要由荷兰林业委员会（Staatsbosbenheer）③负责。

不同于其他景区风貌、资产的统一管理，羊角村的房屋、桥梁、花园等景观均为当地居民的私有财产，而正是由于当地居民对于个人财产的积极主动维护、维修，保证了羊角村数十年的良好乡村风貌。

3. 在地型特色观光体系——游船旅游体验升级

《中国国家地理》杂志主编单之蔷曾撰文提出：行船是游览山水的最好方式。舟楫时代的游览是"过程游"，坐船人在意的是舟行途中的景观，观赏的风景一般具有连续性和整体性。可以说，舟楫旅游注重的是全程的体验与感受。而这种体验似乎是全世界通用的，静谧如世外桃源的羊角村就通过构建"耳语船"（Whisper Boats）④观光体系，将田园水乡之美放大到极致。

"耳语船"由羊角村最传统的平底船（Punter）改造而成——船体开放，最宽之处也不过1米，船尾配备一个无声的电动马达，通过方向盘控制，行船无声。每艘船装有两个电池，平均可以行驶6～8个小时。"耳语船"由于驾驶简易、船体小巧、行船无声，不需要配置专业行船人员，为家庭游客、年轻

---

① 张驰，张京祥，陈眉舞.《荷兰城乡规划体系中的乡村规划考察》，《上海城市规划》2014年第4期。
② 德维登是荷兰最大的环保组织，管理者荷兰350多个地区，羊角村所在的De Wieden自然保护区是其最重要的辖区。
③ 荷兰林业委员会代表国家政府管理26万公顷的森林、自然保护区，是荷兰最大的自然景区经营管理组织。
④ 船舶租赁公司zwaantje官网，https://www.zwaantje.nl/cn.whisperboats.html。

情侣提供了私密、浪漫的游览空间。

如今看似理所当然地以"耳语船"为主的游览体系,也是经过羊角村村集体长期摸索,不断改进而形成的。羊角村旅游开发初期,主推传统人力平底船和独木舟;20世纪中期,随着燃油机电船在世界范围内流行开来,羊角村逐步将这种商业用船利用到游览体系之中;20世纪70年代,随着新型储电电动船的流行,羊角村开始着手将传统"平底船"改造成为更为轻便、安静的电动船——"耳语船"。此后,羊角村形成了传统木舟、燃油机电船和"耳语船"三类公共开放的游船体系。①

直至1992年,高频率燃油机电船的使用打破了羊角村的宁静生活,50 km/h的驾驶速度和极大的噪声,造成了游客间、游客与当地村民的多次冲突。为了保证当地旅游业的正常运营,提高大多数游客的旅游体验,羊角村村集体收集了数千名村民的联名提议,最终促成了斯滕韦克尔兰德市政府下达的游船体系整改意见:逐步禁止燃油机电船舶进入羊角村水道,开放租赁的游船主推"耳语船"。

▲ 游客乘耳语船游览羊角村(华高莱斯 摄)

---

① Combi 造船厂官网,https://combi-outboards.com/en/about-us#history。

对于国内乡村而言，想要实现旅游振兴，不仅需要依靠外部机遇助推、个性化的定制规划，而且需要村落内部村集体的有序管理。村落的打造包装和宣传可以形成短期内的"现象级"明星村庄，乡村旅游功能开发、管理也可以依靠专业化的公司进行方案定制。但是，想要成为真正的乡村"不老女神"，就必须动员村集体和村民的力量，实现自主自发的村落风情维护、村庄内的景观资产管理和村内旅游体验维护，从而真正成为永不凋零的魅力乡村。

羊角村并不是不可复制的旅游神话，她的"冻龄"女神养成之路正是国内大量亟待开发的"天生丽质"型村落的样板。任何一座寄希望于旅游振兴的村落都像一位未施粉黛的貌美女子，想要修炼成真正的"冻龄"女神，都离不开从"乡村小网红"到"流量明星"再到"不老神话"的一步步进阶。

▲ 科兹沃尔德乡村天团的"颜值担当"——拜伯里(华高莱斯 摄)

英国科茨沃尔德——美丽乡村的《偶像练习生教程》

文 | 李宏佩

粉丝经济当道，以"男团""女团"组团出道的练习生节目已经成为当下最火的综艺节目——毫无经验的练习生通过层层筛选和封闭式训练，最终选拔出少数几个人组成全新偶像团体出道。虽然已经有过多个内容相似的练习生选拔节目，但是练习生节目依然受到观众的热切关注。与传统明星出道，直接向观众展示千锤百炼后成熟的表演吸粉不同，"练习生"类的选拔节目清清楚楚地讲述了"成为明星背后的故事"，展现出一条素人如何摇身一变成为万众瞩目的明星之路。同时告诉大家，发光发热不再是遥不可及的梦想，掌握正确的路径，成为偶像天团中的一员指日可待。

在美丽乡村的发展道路上，同样有一个世界级的女神天团——英国科茨沃尔德。它是位于牛津以西、巴斯以北的涵盖近乎800平方千米的乡村集群，覆盖格洛斯特郡（Gloucestershire）、牛津郡（Oxfordshire）、沃里克郡（Warwickshire）、威尔特郡（Wiltshire）和伍斯特郡（Worcestershire），没有明确的边界[1]。科茨沃尔德被誉为"英国最美乡村"，并与法国的普罗旺斯和意大利的托斯卡纳地区并称为欧洲最美的三大田园风光地带[2]。本文将为大家介绍科茨沃尔德成为乡村明星天团背后的故事，由此希望让更多的中国"乡村素人"学习美丽乡村版《偶像练习生教程》，成为中国的科茨沃尔德！

---

[1] 凯西·斯图尔特：《深入：科茨沃尔德的英格兰田园诗》，https://www.butterfield.com/blog/2017/08/14/deep-idyllic-england-cotswolds/，2017年8月14日。

[2] 海莉·库珀：《科茨沃尔德村庄：10个最美丽的景点》，https://www.greatbritishlife.co.uk/homes-and-gardens/places-to-live/cotswold-villages-10-of-the-prettiest-places-to-visit-7264104，2019年8月20日。

教程第一篇：脱颖而出

常言道："没有两把刷子怎么混江湖？"明星的本质是成为被普通人仰望的对象。但是，并不是所有人都有成为明星候选人的底子。虽不要求十八般武艺样样精通，但一定要有几个与众不同的特质，才能通过准入门槛，获得进入游戏的入场券。

作为偶像天团的科茨沃尔德，论其背景身家，虽谈不上"含着金汤匙出身"，但说其有"赢在起跑线上"的贵族身世绝不为过。早在中世纪时期，科茨沃尔德就以羊毛产业而闻名，整个地区约200多个村庄皆为发展羊毛产业而形成的自然村落[①]。发达的羊毛贸易迅速聚集起了财富，带来了地区经济的繁荣和富庶。财富的聚集使科茨沃尔德成为优美庄园和教堂的集中地，也使该地区的农村基础设施、田园景观等都远超英国的其他地区，为其日后的发展打下了良好的根基。悠久的历史也为科茨沃尔德留下了大量的历史遗存，从新石器时期的生活用具，到青铜时期的农作工具，再到铁器时期的历史遗址，都见证了科茨沃尔德的发展轨迹。除此之外，独具特色的"科茨沃尔德石"（Cotswolds Stone）也是造就科茨沃尔德独特景观不可或缺的元素之一。科茨沃尔德石是科茨沃尔德的特产，是一种侏罗纪时期的蜜色石头，也是科茨沃尔德地区村庄和教堂建造的主要材料。这种独特的蜜色石头已经成为科茨沃尔德的标志，为它带来了一个令人难忘的身份标签。

悠久的历史、特殊色彩石头堆砌而成的村庄，以及宏伟的建筑和花园等因素，共同构成了科茨沃尔德进军"偶像天团"的敲门砖，成功为它拿到了角逐世界美丽乡村的入场券。

---

① C.C.迪尔：《中世纪科茨沃尔德的村庄和非村庄》，《布里斯托和格洛斯特郡考古学会学报》2002年第120卷，第32页。

▲ 科兹沃尔德石是该地区的主要建材（华高莱斯 摄）

教程第二篇：遵守规则

想要成为万众瞩目的冉冉之星，就得360°全方位、无死角，这样才能经受住万千观众火眼金睛的考验。因此，偶像练习生有一套严格的行为准则，以确保他们时刻保持镜头前"云上之人"的形象。谈恋爱会掉粉、迟到会被认为耍大牌、发胖会影响外貌、抽烟会让正能量形象减分……大众对明星的要求十分苛刻，很多普通人可以做的事情，在明星身上一律禁止。"欲戴王冠，必承其重"，学会遵守这些规则，是每个出道明星的必修课。

依靠好的底子，科茨沃尔德顺利通过明星培训海选赛，入围《法定特殊自然美景区》（Area of Outstanding Natural Beauty，AONB）的角逐。AONB指在英格兰、威尔士和北爱尔兰的具景观和保护价值的乡村区域，早在1966年科茨沃尔德便被指定为其中之一。它的法定特殊自然美景区主要指科茨沃尔德草原栖息地和林地，其中包括五个欧洲特殊保护区、三个国家级自然保护区及八十多个具有特殊科学价值的地点①。

"国有国法，行有行规"，一旦成为 AONB 的一员，就得接受严格"行为准则"的约束，用以保护法定特殊自然美景区的杰出景观和历史价值。由科茨沃尔德保护委员会（Cotswolds Conversation Board）负责该地区的监管，通过《科茨沃尔德杰出自然风景区管理规划 2018—2023》（*Cotswolds AONB Management Plan 2018—2023*）对影响科茨沃尔德的关键因素制定制约条件，其中包括公共道路规划，社区发展规划，可再生能源使用、矿产资源使用及废弃品使用限制，树种及种源使用规划，AONB 发展规划等。

根据行为准则，凡是将影响或造成科茨沃尔德景观上发生变化的提案，必须与提案所在地的景观特征评估（Landscape Character Assessment）、景观策略方针（Landscape Strategy and Guidelines）保持一致，其中包括②：

不能在设计、建材和规模上与上述条例存在大的差异；

不能对环境整体感官、空间上的宁静和黑夜产生不良影响；

不能对景观环境、生物多样性和水质产生破坏；

不能对历史环境和保护级历史建筑造成破坏；

不能对公众对于环境的享受度产生负面效果；

……

科茨沃尔德保护委员会通过严格的规划标准，对科茨沃尔德得天独厚的"颜值"进行保护，也是为其在日后的演艺道路上加了一份"保险"，毕竟所有"靠脸吃饭"的明星，保护颜值就是保住饭碗。

教程第三篇：风格突出

明星团体之间竞争激烈，为了使偶像团体从茫茫明星群体中脱颖而出，鲜

---

① 科茨沃尔德杰出自然风景区：《科茨沃尔德——一个杰出自然风景区》，https://web.archive.org/web/20140804044746/http://www.cotswoldsaonb.org.uk/?page=aonb，2014 年 8 月 4 日。

② 科茨沃尔德杰出自然风景区：《科茨沃尔德杰出自然风景区管理规划 2018—2023》，科茨沃尔德保护局，2018：35-58。

明的风格、差异化的定位就是令他们独树一帜获得观众注意的重要法宝。如日本国民女团 AKB48 主打青春、活泼、亲和感，其中，乃木坂 46 就是被包装为高颜值、有气质、大小姐的调性。一个有自己独特风格的团体更容易被人记住，当这种风格成为团体的标签，就会产生宝贵的"品牌效应"，吸引更多这种风格的爱好者。

"浪漫"便是科茨沃尔德的主打调性，这也使它在茫茫乡村群落中脱颖而出，并被评为"全球十大求婚圣地"之一①。可见，其独特的英国乡村浪漫调性已经深入人心。为了使浪漫的调性更加突出，科茨沃尔德规划出一条"浪漫之路"（The Romantic Road）。它是一条蜿蜒于科茨沃尔德丘陵地带的长达 120 千米的环形旅游线路②，整条线路通过乡间小路和公路串联起科茨沃尔德地区 17 个浪漫乡村③，一路上将泰晤士河沿线优雅的历史小镇、优美的古典教堂及自然风景尽收眼底。诺斯里奇（Northleach）等乡村中更规划了步道，将重要历史建筑连接起来，并标记出著名的拍照景点。整条浪漫之路需要耗时 48 小时甚至更久，游客们可以在此期间慢慢感受科茨沃尔德的浪漫气息④。

教程第四篇：分工明确

如刘德华、郭富城一类的天王巨星，十年、百年才会出现一个。它要求一个人能够面面俱到，十八般武艺样样精通。相比之下，男团、女团则更容易一战成名。因为不同团体成员之间可以通过明确分工形成互补，从而打造一个完美的团体形象。如韩国偶像天团 EXO，在"盛世美颜"的统一调性下，团体中

---

① 海莉：《十个最浪漫的景点》，https://www.holidaycottages.co.uk/blog/the-top-ten-most-romantic-spots-to-propose，2019 年 2 月 7 日。

② 史蒂夫·麦克拉伦斯：《英格兰科茨沃尔德之旅》，https://www.nationalgeographic.com/travel/article/england-cotswolds-traveler，2010 年 10 月 21 日。

③ 科茨沃尔德信息局：《百老汇的科茨沃尔德浪漫之路》，htps://www.cotswolds.info/romantic-roads/broadway-to-broadway.shtml，2021 年 2 月 11 日。

④ 切尔滕纳姆旅游网：《浪漫之路——经典汽车租赁或豪华司机之旅》，https://www.visitcheltenham.com/things-to-do/the-romantic-road-classic-car-hire-or-luxury-chauffeur-tour-p934183。

的每个人都有不同的分工。张艺兴是舞蹈担当，吴亦凡是颜值担当，吴世勋是唱歌担当，黄子韬是 Rap 担当……。团体中通过不同的分工，可以尽可能多地满足不同观众的喜好。

科茨沃尔德作为美丽乡村的代表，早期就是以"明星团体"的身份出道。在传统英国乡村统一的浪漫调性之下，有着一群风景独特、重点不同的村庄。这些形态各异的村庄，便成为科茨沃尔德最大的闪光点之一，每一个都值得人们去细细探索、慢慢品味，不会因为千篇一律的景色给人带来疲劳感。科茨沃尔德以天团中的各大主力乡村为核心，通过不同的特色吸引游客前来，带动周边一批村庄的共同发展。

库姆堡（Castle Combe）是乡村天团中的历史担当，位于科茨沃尔德南部，是英国保存最完好的中世纪古镇[1]。小镇中的建筑几乎全部建于 14、15 世纪，很多建筑都已被列为保护文物。为了保存库姆堡的历史建筑和古典村落形态，即便发展了数百年，小镇至今仍然没有路灯[2]。在这里，行走在石板路铺设而成的街道上，远离城市的喧嚣和人造光线的干扰，静静感受英式古老村庄的魅力，仿佛时光穿越回中世纪时期。正因为这里完整保留了英国中世纪村庄的风貌，库姆堡成为许多著名电影的取景地，如《战马》（*War House*）和《星尘传奇》（*Stardust*）等[3]。

水上伯顿（Bourton on the Water）是乡村天团中的才艺担当，位于科茨沃尔德中北部。由于温德拉什河（Windrush River）遍布整个村庄，两岸由六座具有 600 多年历史的低矮石桥连接起来，因此这里又被称为"英国小威尼斯"[4]。不仅因为河流，水上伯顿更因为鼎鼎有名的"模型村"（The Model Village）而

---

[1] 复古新闻网：《库姆堡：英格兰风景如画的中世纪村庄，曾经是蓬勃发展的羊毛贸易的中心》，https://www.thevintagenews.com/2017/12/27/castle-combe/2017 年 12 月 21 日。

[2] 城堡客栈：《库姆堡》，http://www.thecastleinn.co.uk/castle-combe/，2021 年 3 月 5 日。

[3] 威尔特郡旅游网：《库姆堡》，https://www.visitwiltshire.co.uk/towns-and-villages/castle-combe-p462723，2021 年 3 月 5 日。

[4] 科茨沃尔德信息网：《水上伯顿旅游信息指南》，https://www.cotswolds.info/places/bourton-on-the-water.shtml，2021 年 2 月 11 日。

成为科茨沃尔德文武兼备的才艺担当。模型村又被称为迷你水上伯顿,顾名思义,这是一座按照水上伯顿原型缩小了9倍建造的一座迷你村庄①。村庄细致地还原和刻画了水上伯顿的每一处细节,甚至包括建筑结构、桥梁、河流和植物。

▲ 水上伯顿(华高莱斯 摄)

拜伯里(Bibury)是乡村天团中的颜值担当,位于科茨沃尔德中部,被英国著名工艺美术运动领袖、画家威廉·莫里斯(William Morris)称为"英国最美丽的村镇"②。没有过多的后期人工雕饰,拜伯里以其优雅恬静的景色吸引着国内外的众多游客。中世纪建筑、涓涓的细流、岸边的垂柳……这个袖珍小镇的出名只因其浑然天成的美,并成为许多情侣拍摄婚纱照的首选地,也是摄影爱好者的天堂。拜伯里以其盛世美景成了乡村天团中当之无愧的颜值担当,用实力告诉人们,其实"才艺没那么重要,长得好看就行"。

---

① 科茨沃尔德官网:《模型村庄》,https://www.cotswolds.com/things-to-do/the-model-village-p142083,2021年3月5日。

② 吉布斯 J.A.:《一个科茨沃尔德村庄》,VCH Glos,1898,p.23。

▲ 拜伯里石桥下长满水藻的科因河(华高莱斯 摄)

斯诺希尔(Snowshill)是乡村天团中的气氛担当,位于科茨沃尔德北部,地处科茨沃尔德山脉的高处。连绵起伏的群山、开阔的视野、悠久的历史,在天朗气清的日子里无处不散发着迷人的浪漫气息。斯诺希尔的薰衣草庄园是这里的一大特色,也是全英最大的薰衣草种植地,育有全世界最好的薰衣草品种[1]。在明媚的阳光下,一望无际的紫色薰衣草如梦如幻,令人无限陶醉。薰衣草庄园进一步突出了浪漫的氛围,因此这里成为年轻情侣拍摄婚纱照的热门场所之一[2]。

除了这些名声在外的村庄担当们,科茨沃尔德的村庄各有各的特色,有的景色迷人,有的因历史上知名人物在此居住过而传出一段佳话,有的因地形条件发展特色运动,有的因自然条件而产出特色美食……有风格、不雷同是这里

---

[1] 牛津郡探索网:《科茨沃尔德薰衣草——雪山薰衣草农场》,https://discoveroxfordshire.com/things-to-do/snowshill-lavender-farm/,2021年3月5日。

[2] 数据来源:科茨沃尔德信息网。

最大的魅力，也是吸引各式各样"粉丝"的秘诀。

教程第五篇：活动圈粉

高曝光度、不断地出现在大众视野中，才能有存在感，保持人气和热度。通过如粉丝见面会这类活动拉近与粉丝之间的距离，巩固现有粉丝并吸引新的粉丝是线下提高人气的关键环节。因此，参与公众活动是进军天团级偶像团体的必要步骤，是保证人气经久不衰的法宝。

作为天团的科茨沃尔德，在它的晋级道路上，必然少不了"活动圈粉"这一环节。各式各样的活动、节庆、展览填满了科茨沃尔德的一年四季。充满地方特色的工艺品市集和农品市集、科茨沃尔德表演（Cotswolds Show）、世界级的切尔滕纳姆文学节（Cheltenham Literature Festival）和皇家国际军事航空展（The Royal International Air Tattoo, RIAT）都在此举行。各式各样的音乐节、展览、鲜花艺术、文学类节庆、戏剧作品等都在这里缤纷上映，吸引着各类活动的爱好者前来参与。全年无休的节庆活动使整个科茨沃尔德精彩纷呈，人气火爆。

科茨沃尔德的节庆和活动与一年四季的季节气候和村庄景色紧密相连。如春季是万物复苏、生机盎然的季节，活动节庆多以大型户外类为主，通过赛马、狩猎等活动展示科茨沃尔德的自然景观。夏季热情四溢，马戏团表演、蒂克斯伯里（Tewkesbury）中世纪节（人们穿上中世纪服装重温1471年图克斯伯里战役的情景）、军事航空表演和人气火爆的音乐节都是夏季的主打活动。秋季天高云淡，是郊游远足的最佳时节。科茨沃尔德通过文化遗迹节（Heritage Days，平日里不接受大众游览的文化遗产、景点在这段时间面向所有人开放）的形式，搭配如温斯特顿伯特（Westonbirt）植物园等绝美秋日景观和切尔滕纳姆文学节，让文化艺术氛围充满大街小巷。冬季是充满温馨色彩的季节，在佩恩斯威克·洛可可（Painswick Rococo）公园等地会铺上带有雪花图案的地毯，还有民间艺术节，用手艺人精湛的技艺和作品一扫冬季的寒冷。圣诞节是冬季的一大主题，很多村庄都会摆起大大小小的圣诞集市，美食、美酒和精致的手工艺品吸引着各个地方的人们前来参与体验。

除了举行很多世界级的大型节庆吸引游客，科茨沃尔德的各个村庄都会根据自己的特色和地产举办小型活动。这些小型活动，与其说是吸引人来，倒不如用"自娱自乐"四个字来形容更加贴切。就是这样安逸恬静的环境里充斥着欢乐轻松的气氛，这才是科茨沃尔德真正的魅力所在吧。不是那种浓妆艳抹刻意打造出来的喧嚣，而是从每一个角落、每一个微不足道的细节中透露出的小确幸。就是这种细微中的魅力，吸引着人们来到这里并停留一段时间，去细细探寻这些生活细节中的快乐。

教程完结篇：偶像的自述

科茨沃尔德正是通过《偶像练习生教程》的五步走，完成了它的明星之路，从英格兰中部一举走出国门，名扬四海。如今，旅游已经成为科茨沃尔德的支柱产业，在2016年为科茨沃尔德地区带来了7.45亿英镑（约70亿人民币）的收入，并直接或间接地创造了大量的工作机会，据统计约7 500人从事旅游相关职业（2014年数据）[1]。如今，科茨沃尔德已经成为一个品牌，成为英国乡村的代表。然而，成名后的科茨沃尔德并没有因名气而忘乎自我，在杰出自然风景区管理规划严格家法的督促下，科茨沃尔德依旧保持着恬静低调的气质，一步一步扎实地前进发展着。

正如《安娜·卡列尼娜》开篇说的那样："幸福的家庭都是相似的，不幸的家庭各有各的不幸。"[2] 在中国乡村振兴的道路上，有着一大批拥有悠久历史的小镇村庄，就如同那些等待一战成名的偶像练习生，它们缺乏的不是一个好的底子，而是一条通向天团宝座的正确路径。希望这篇解密科茨沃尔德这个

---

[1] 科茨沃尔德官网：《科茨沃尔德经济影响研究》，https://www.cotswolds.com/partnership/research-and-strategy/economic-impact-studies。

[2] ［俄］列夫·托尔斯泰.《安娜·卡列尼娜》，草婴，译，译林出版社2014年版，第1页。

明星天团背后故事的文章，为在出道之路上摸爬滚打的迷茫之辈们指出方向。只要掌握正确的路径和方法，登上偶像天团的宝座不再是遥远的梦，它近在眼前，指日可待。